Italienisch für Sie · 1

Arbeitsbuch

von Augusto Carli
und Chiara de Manzini

Max Hueber Verlag

Fotos und Illustrationen

Giorgio Albonetti, Rom S. 86, 100, 130 · Leonore Ander, Ottobrunn S. 20, 68, 75, 97, 100, 144 · Eduard Dietl, Ottobrunn S. 91, 127 · E.N.I.T., München S. 7, 13, 55 · Ente di Turismo di Todi S. 48 · Foto-Agentur Hecht, München S. 115 · La Settimana Enigmistica, Milano S. 138 · L'Espresso, Roma (2. 4. 78 und 19. 2. 78) S. 134 · Gina Lollobrigida aus Bildband «Italia mia» S. 136 · Panorama, A. Mondadori Editore, Milano (Nr. 636 v. 27. 6. 78) S. 130 · Süddeutsche Zeitung, München S. 108, 109 · Karin Welponer, München, aus „Deutsch für Dich" S. 123

1. Auflage 1979

| 5. 4. 3. | Die letzten Ziffern |
| 1984 83 82 81 | bezeichnen Zahl und Jahr des Druckes. |

Alle Drucke dieser Auflage können nebeneinander benutzt werden.
© 1979 Max Hueber Verlag München
Umschlaggestaltung und Layout: Erentraut Waldau-Hauchler, Ismaning
Satz und Druck: Allgäuer Zeitungsverlag GmbH, Kempten
Printed in Germany
ISBN 3-19-14.5067-X

Inhaltsverzeichnis

Vorwort 5

Lektion 1 6

Lektion 2 13

Lektion 3 20

Lektion 4 26

Lektion 5 33

Lektion 6 39

Lektion 7 46

Lektion 8 54

Lektion 9 60

Lektion 10 67

Lektion 11 74

Lektion 12 81

Lektion 13 90

Lektion 14 99

Lektion 15 107

Lektion 16 115

Lektion 17 121

Lektion 18 127

Lektion 19 136

Lektion 20 144

Schlüssel 150

Verzeichnis der grammatischen Strukturen 187

3

Zur Arbeit mit diesem Buch

Das Arbeitsbuch zum Lehrbuch Italienisch für Sie 1 (Hueber-Nr. 5067) ist ein kursbegleitendes Lernprogramm, das Lehrenden und Lernenden ein variationsreiches Angebot an zusätzlichem Übungsmaterial zur Verfügung stellt. Es eignet sich

- als Selbstlernprogramm für Lernende, die ihre im Klassenunterricht erworbenen Kenntnisse durch gezielte häusliche Arbeit vertiefen wollen
- zur Abrundung des Klassenunterrichts. Viele Übungen des Arbeitsbuches sind so angelegt, daß sie auch in Gruppenarbeit gemacht werden können. Durch eine entsprechende Übungsauswahl kann der Dozent außerdem erreichen, daß die Lernenden auch bei schwierigeren Problemen des italienischen Sprachgebrauchs mehr Sicherheit in der aktiven Anwendung erlangen.

Die Schwerpunkte dieses Arbeitsbuches liegen

- in der Einübung von Aussprache und Intonation (Lektionen 1–15) durch knappe Erklärungen und gezielte Übungen
- in der Bewußtmachung grammatischer Strukturen durch punktuelle Hinweise und systematische Tabellen
- in der Festigung der erworbenen Sprachkenntnisse durch abwechslungsreiche Übungen
- in der Erweiterung der Informationen zur italienischen Landeskunde durch aktuelle Texte, die dem Training von Hör- und Leseverständnis dienen.

Und hier noch einige Tips, die Sie bei der Arbeit mit diesem Buch beachten sollten:

- Schlagen Sie die Lösung im Schlüssel erst nach Beendigung der Übung nach und machen Sie sich Notizen, wenn Sie bei der Lösung einer Übung Schwierigkeiten hatten. Wiederholen Sie solche Übungen in regelmäßigen Abständen so lange, bis Sie sie fehlerfrei machen können.
- Schreiben Sie bei Einsetz- und Diktatübungen die Lösungen nicht ins Buch, sondern auf ein getrenntes Blatt.
- Für die Texte und Übungen, die mit dem Symbol ∞ gekennzeichnet sind, stehen Compact-Cassetten zur Verfügung (Hueber-Nr. 17.5067). Die Arbeit mit dem Tonmaterial ist für die Förderung von Hörverständnis und Sprechfertigkeit unerläßlich.

Lezione prima 1

1a Schreib- und Ausspracheregeln

c vor **i/e**	wird wie deutsches „tsch" ausgesprochen:
	Il signor **Ci**nquetti è di Venezia.
	Arriveder**ci** alla Biennale, signor **Ci**nquetti.
	Come sta, signora? Non **c'è** male, grazie.
c vor **o/u/a**	wird wie deutsches „k" ausgesprochen:
	In**co**ntro a Venezia.
	I Man**cu**so sono di Napoli.
	La signora **Ca**vagna incontra il signor Cinti.
ch vor **e**	wird wie deutsches „k" ausgesprochen:
	Signora Mancuso, **che** piacere rivederLa! Come sta?
	Non c'è male, grazie.
	È sola a Venezia?
	No, an**che** mio marito è qui.

1b Hören Sie das Diktat vom Band und tragen Sie die im nachstehenden Text fehlenden Wörter ein. ◯◯

    – Come mai è a _____ , signor Mancuso?
    – Sono _____ per la Biennale.
    – È solo?
    – No, _____ mia moglie è _____ .
    – _____ piacere rivederLa, signora! _____ sta?
    – Benissimo, _____ ! E Lei, signor _____ ?
    – Non _____ male, ma sono molto _____ .

2a Hören Sie den Text vom Band und lesen Sie mit. ◯◯

Anna Corsi di Bologna è a Milano. In «Piazza Duomo»[1] incontra Paolo Chelli, un amico[2] di Bologna:

---

[1] In „Piazza Duomo" = Auf dem Domplatz   [2] un amico = ein Freund

Anna: Ciao, Paolo! Che sorpresa![3]
Paolo: Anna, anche tu qui a Milano? Come mai?
Anna: Siamo qui per la «Fiera Campionaria»[4]. E tu?
Paolo: Anch'io sono qui per la Fiera. Ma sono solo. Michela è a Bologna con i bambini[5]. E dov'è Antonio?[6]
Anna: È alla Fiera. Paolo, sei occupato stasera?[7]
Paolo: No, e voi?
Anna: No, stasera non siamo occupati. Andiamo al ristorante insieme?[8]
Paolo: Benissimo. Andiamo al ristorante «Cervino»?
Anna: Sì, d'accordo.[9]
Paolo: Bene, arrivederci a più tardi, al ristorante. Ciao!
Anna: Ciao!

Milano – Piazza del Duomo

---

[3] Che sorpresa = was für eine Überraschung   [4] „Fiera Campionaria" = Mustermesse
[5] con i bambini = mit den Kindern   [6] dov'è A.? = wo ist A.?   [7] stasera = heute abend
[8] andiamo al ristorante insieme? = gehen wir zusammen ins Restaurant?   [9] d'accordo = einverstanden

Lezione prima

2b Lesen Sie den Text laut.

2c Hören Sie den Text noch einmal vom Band. ००

2d Beantworten Sie die Fragen, die sich auf den vorhergehenden Text beziehen:

a. Dov'è Anna Corsi? b. Dove incontra Paolo Chelli? c. Paolo è un amico di Anna? d. Paolo è di Milano? e. Come mai Anna e Antonio sono a Milano? f. Dov'è la moglie di Paolo?

2e Auch die nachstehenden Sätze beziehen sich auf den Text, den Sie gelesen haben. Kennzeichnen Sie mit ×, ob sie richtig (vero) oder falsch (falso) sind. Zum Beispiel:

	vero	falso
Anna è di Milano.	◯	⊗

	vero	falso
a. Anna è di Milano.	◯	◯
b. Anna è a Milano per la «Fiera Campionaria».	◯	◯
c. In «Piazza Duomo» Anna incontra un amico.	◯	◯
d. Paolo è un amico di Anna.	◯	◯
e. Anche Paolo è a Milano per la Fiera.	◯	◯
f. Paolo è il marito di Anna.	◯	◯
g. Anna è la moglie di Antonio.	◯	◯
h. Michela è a Bologna con i bambini.	◯	◯
i. Anche la moglie di Paolo è alla Fiera.	◯	◯
l. Paolo e Michela sono al ristorante «Cervino».	◯	◯

3 Von Mailand aus möchte Paolo an seine Frau eine Karte mit folgendem Inhalt schicken:

„Liebe Michela, auch Anna und Antonio sind hier in Mailand wegen der Mustermesse. Wir sind zusammen im Restaurant. Auf Wiedersehen in der nächsten Woche. Tschüs."

Tragen Sie den italienischen Text in die Postkarte ein:

8   Lezione prima

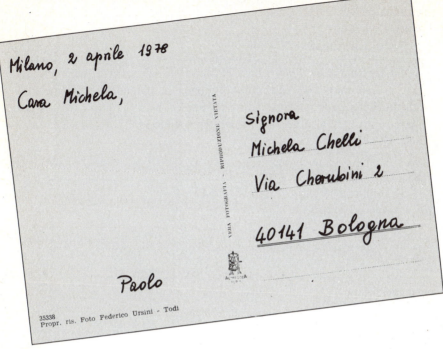

4 *Sono* oder *è*? Bilden Sie Sätze:

I Mancuso		contenta dell'albergo.
Il signor Mancuso	sono	ingegnere.
Il signor Cinquetti		marito e moglie.
La signora Mancuso	è	molto occupato.
L'albergo		piccolo, ma comodo.

5 Bilden Sie Fragen mit *dove* oder *come*:

I Mancuso sono a Venezia.	Il signor Mancuso sta benissimo.
– Dove sono i Mancuso?	– Come sta il signor Mancuso?

a. I Mancuso sono a Venezia.
b. Il signor Mancuso sta benissimo.
c. L'albergo è molto comodo.
d. La signora Mancuso è alla Biennale.
e. L'albergo è al Lido.
f. La signora Rossi non sta male.
g. L'albergo è piccolo.
h. La signorina Como è a Roma.

Lezione prima

6 Bilden Sie Fragen mit *come mai:*

> Anna è a Milano.
> – Come mai Anna è a Milano?

a. Anna è a Milano. b. Paolo non è a Milano con Michela. c. Antonio è alla fiera. d. Il signor Cinquetti è molto occupato. e. I Mancuso non sono contenti dell'albergo. f. Giorgio non è pronto. g. Michela non è alla «Fiera Campionaria». h. L'albergo non è molto comodo.

7 Bilden Sie Dialoge nach dem Muster:

> signor Mancini/Milano/«Fiera del Libro»
> A: Dov'è il signor Mancini?
> B: È a Milano.
> A: E come mai è a Milano?
> B: Per la «Fiera del Libro».

a. signor Mancini/Milano/«Fiera del Libro»
b. signora Cenci/Palermo/«Festival del Folklore»
c. Carla/Sanremo/«Festival della Canzone»
d. i Cinquetti/Firenze/«Mostra di Alta Moda»
e. Marcella/Cagliari/«Fiera della Gastronomia»
f. Anna e Antonio/Sorrento/«Festival del Cinema»
g. ingegner Michelini/Torino/«Il Salone dell'Automobile»
h. Antonia/Perugia/«Festival dell'Unità»

8 Übersetzen Sie:

a. Guten Tag! Mein Name ist Schmidt. Ich bin aus Berlin. b. Guten Tag, Herr Schmidt! Sind Sie hier zur (wegen der) Mustermesse? c. Ja, ich bin hier

10 Lezione prima

mit meiner Frau. d. Guten Tag, gnädige Frau! Wie geht es Ihnen? e. Sehr
gut, danke. Und wie geht es Ihnen, Herr Doktor? f. Ganz gut, danke. Sind
Sie zufrieden mit dem Hotel, gnädige Frau? g. Ja, danke. Das Hotel ist sehr
bequem.

9 Wählen Sie für jede Frage die passende Antwort aus (es gibt immer nur
eine richtige Antwort). Beispiel: ⚪

Buon giorno, ingegnere! Come mai a Venezia?

a. Benissimo, grazie!

b. Siamo qui per la Biennale.

c. A Venezia tutto bene.

Die richtige Antwort ist Satz b.

Und jetzt bitte Sie:

1. _____ ?

a. No, non sono sola.

b. No, anche mia moglie è qui.

c. No, anche mio marito è qui.

2. _____ ?

a. Bene, grazie! E Lei?

b. Non c'è male, ma è molto occupata.

c. La signora sta benissimo, grazie!

3. _____ ?

a. Sto bene, grazie!

b. Non c'è male, ma è molto occupata.

c. Che piacere!

4. _____ ?

a. Sì, non c'è male, grazie!

b. Sì, grazie! E Lei?

c. No, non c'è male.

5. _____ ?

a. Io sì, ma mia moglie no!

b. Sì, siete molto contenti.

c. Ecco l'albergo.

Lezione prima   11

10 Bilden Sie Sätze:

Il signor Mancuso è		albergo.
Il signor Schmidt è	a	Berlino.
I Mancuso sono	al	Biennale.
L'albergo è	alla	la Biennale.
I Mancuso sono qui	dell'	Lido di Venezia.
Arrivederci	di	Napoli.
Il signor Cinquetti è	per	più tardi.
I Mancuso sono contenti		Venezia.

11 Übersetzen Sie den folgenden Dialog:

Herr Himmrich aus Berlin und Herr Calligaris aus Como sind in Frankfurt anläßlich der Buchmesse. Auch Frau Calligaris ist in Frankfurt. Herr Himmrich ist allein; Frau Himmrich ist in Berlin.

Herr H.: Hallo Giorgio!

Herr C.: Hallo Paul! Was für eine Überraschung! Weshalb[1] bist du hier in Frankfurt?

Herr H.: Ich bin hier wegen der Buchmesse, und du?

Herr C.: Ich auch.

Herr H.: Bist du allein hier?

Herr C.: Nein, auch meine Frau ist hier. Paola! Das ist mein[2] Freund Paul Himmrich aus Berlin.

Herr H.: Sehr angenehm, Frau Calligaris! Wie geht's Ihnen?

Frau C.: Danke schön, sehr gut! Und Ihnen?

Herr H.: Es geht so! Ich hab' furchtbar viel um die Ohren.[3] Habt ihr heute abend was vor?[4]

Frau C.: Nein, heute abend haben wir nichts vor.

Herr H.: Gehen wir zusammen ins Restaurant?

Frau C.: Sehr gut! Einverstanden.

Herr H.: Gut, bis später. Auf Wiedersehen, Frau Calligaris! Auf Wiedersehen, Giorgio!

Herr C.: Mach's gut! Bis später!

Frau C.: Auf Wiedersehen im Hotel![5]

---

[1] wieso   [2] mein = il mio   [3] ich bin sehr beschäftigt   [4] wie bei 3   [5] im Hotel = in albergo

Lezione seconda 2

1a Schreib- und Aussprecheregeln

> **g** vor **a, o, u** und vor **he** und **hi** wird wie deutsches „g" ausgesprochen:
> Sono impie**ga**to (casalin**ga**). Sono contento dell'alber**go**. Dov'è l'albergo
> «La**gu**na di Venezia»? La signorina **Gh**erardi è alla Biennale.
>
> **g** vor **e, i** und vor der Buchstabenkombination **ia, io, iu** wird [dʒ] ausgesprochen (wie deutsch „Dschungel"):
> Grazie per la Sua **ge**ntilezza. Ecco il signor **Gi**nori. **Gi**anni è un amico di Paolo. Gianni è un **gio**rnalista della RAI. **Giu**lietta è la moglie di Giorgio.

1b Diktat 〇〇

La signorina _____ è una _____ della RAI. Alla Biennale intervista la signora e il _____ Mancuso. _____ Mancuso è _____, _____ Mancuso è professoressa. I Mancuso sono a Venezia per la _____ volta.

Padova – La Basilica di Sant'Antonio

2a Hören Sie den Dialog zuerst vom Band. Lesen Sie dann den nachstehenden Text und hören Sie im Anschluß daran den Dialog noch einmal. ㅇㅇ

Un giornalista del «Corriere della Sera» è all' Università[1] di Padova per un' intervista:

– Scusi[2], vorrebbe rispondere a un paio[3] di domande?
– Sì, volentieri, ma perché?
– Per una statistica[4]; il mio nome è Gianni Ginori e sono giornalista del «Corriere della Sera».
– D'accordo, dica!
– Qual è il Suo nome?
– Luigi Maghi.
– È di Padova?
– No, sono di Verona.
– Come mai è all'Università di Padova?
– Sono qui per studiare il francese e il tedesco[5].
– Grazie! E Lei, signorina? Qual è il Suo nome, per piacere?
– Gemma Ghezzi.
– Di dov'è?
– Sono di Cefalù, provincia[6] di Palermo.
– E come mai è a Padova?
– Sono qui all'Università per studiare medicina[7].
– Grazie, signorina.
– Prego.

2b Richtig oder falsch?

	vero	falso
a. Gianni Ginori è giornalista.	○	○
b. È un giornalista della RAI.	○	○
c. All'Università di Padova intervista 2 studenti.	○	○
d. Luigi Maghi è studente di medicina.	○	○
e. Luigi non è di Padova.	○	○
f. Gemma è a Padova per studiare.	○	○
g. Gemma è di Verona.	○	○
h. Luigi è di Verona.	○	○

---

[1] all'Università = an der Universität   [2] scusi = entschuldigen Sie   [3] un paio = einige, ein paar   [4] statistica = Statistik   [5] per studiare il francese e il tedesco = um Französisch und Deutsch zu studieren   [6] provincia = Provinz   [7] medicina = Medizin.

14   Lezione seconda

2c Beantworten Sie die Fragen:

a. Dov'è il giornalista del «Corriere della Sera»? b. Perché è a Padova?
c. Di dov'è Luigi Maghi? d. Di dov'è la signorina Ghezzi? e. Perché L. M.
è a Padova? f. La signorina Ghezzi è a Padova per studiare il francese?

3a Bitte beachten Sie:

> Für das deutsche „wie" gibt es im Italienischen verschiedene Aus-
> drucksmöglichkeiten, z. B.:
>
> **Wie** ist ihr Name, bitte?   **Qual** è il Suo nome?
> **Wie** geht es Ihnen?   **Come** sta?
>
> Prägen Sie sich außerdem ein:
> **Wieso** sind Sie in Venedig?   **Come mai** è a Venezia?

3b Übersetzen Sie:

a. Wie ist Ihr Name bitte? b. Wo sind Sie her? c. Was sind Sie von Beruf?
d. Hier ist Ihr Hotel, gnädige Frau. e. Wie geht es Ihnen? f. Wie geht es
Ihrem Mann? g. Sind Sie von hier? h. Sind Sie beruflich in Venedig?
i. Sind Sie zum ersten Mal hier? l. Ist dies Ihr erster Besuch in Venedig?
m. Warum sind Sie in Venedig? n. Ist Ihre Frau aus Neapel? o. Wie ist das
Hotel? p. Wie lautet (= ist) Ihre Frage, bitte?

4 Bilden Sie Sätze:

Qual è		nome, signora?
Signora, dov'è		marito?
Qual è	Suo	professione, signor Mancuso?
Dottore, è	Sua	prima visita a Venezia?
Come sta	il Suo	moglie, ingegnere?
Com'è	la Sua	albergo, signorina?
Grazie per		gentilezza, signora!

5 Erzählen Sie nach dem Muster: ○○

> Il mio nome è Gianni.   (Mein Name ist ...)
> – Il suo nome è ...   (Sein Name ist ...)

Lezione seconda   15

Il mio nome è Gianni Ginori. Di professione sono giornalista. Sono di Palermo. Sono alla Biennale di Venezia per un'intervista. È la mia prima visita alla Biennale. Anche mia moglie è a Venezia per vedere la Biennale. Mia moglie è di Napoli.

6 Setzen Sie *(il) Suo/(il) suo* oder *(la) Sua/(la) sua* ein:

a. Il signor Chelli è ingegnere; _____ moglie è professoressa. b. Qual è _____ nome, signora? c. Ecco la giornalista della RAI; _____ nome è Lucia Gherardi. d. Dov'è _____ marito, signora? e. La signora Govoni è casalinga; _____ marito è ingegnere. f. La signora Mancuso non è a Venezia per la prima volta: è _____ seconda visita. g. Grazie, dottore, per _____ gentilezza! h. Ingegnere, anche _____ moglie è a Venezia?

7a Die Präpositionen

> Im Italienischen werden die Präpositionen (= Verhältniswörter) oft anders als im Deutschen gebraucht. Deshalb empfiehlt es sich, die Ausdrücke mit den Präpositionen im Satzzusammenhang zu lernen. Bisher sind folgende Präpositionen vorgekommen:
>
> **a**
> Siamo **a** Venezia, **a** Napoli, **a** Milano ... (in Venedig ... bei Städtenamen)
> Arrivederci **a** più tardi.(bis später)
> Vorrebbe **rispondere a** una domanda? (antworten auf)
> Zusammensetzungen mit dem Artikel:
> L'albergo è **al** (a+il) Lido. (am Lido) Arrivederci **al** ristorante. (im Restaurant)
> Andiamo **al** ristorante? (ins Restaurant) Siamo **alla** (a+la) Biennale. (auf der B.)
> Arrivederci **alla** prossima settimana. (bis zur nächsten Woche)
> **All'**Università (a+l') di Padova. (An der Universität von Padua.)
>
> ---
>
> **di**
> Sono **di** Napoli, **di** Berlino, **di** Roma ... (ich bin aus + Städtenamen)
> L'Università **di** Padova
> La Biennale **di** Venezia   } von
> La provincia **di** Palermo

16   Lezione seconda

Zusammensetzungen mit dem Artikel:
Un giornalista **del** (di+il) «Corriere della Sera». (vom «Corriere …»)
Una giornalista **della** (di+la) RAI. (von der RAI)
Siamo contenti **dell'**albergo (di+l'). (zufrieden mit)

per
Sono qui **per** la Biennale. (für, wegen, anläßlich der Biennale)
Grazie **per** la Sua gentilezza. (für)
Sono qui **per** la prima volta. (zum ersten Mal)
Sono a Padova **per** studiare medicina. (um … zu studieren)
Sono qui **per** affari. (geschäftlich, beruflich)

con   **in**
Sono qui **con** mia moglie. (mit)   **In** «Piazza Duomo» Anna
Michela è a Bologna **con** i bambini. (mit) incontra Paolo. (auf dem)

7b Setzen Sie das fehlende Wort ein:

a. Anna e Antonio sono _____ Milano. b. Anna è qui come turista – è _____ Milano _____ la prima volta – e Antonio _____ vedere la »Fiera Campionaria«. c. _____ ristorante «Cervino» _____ «Piazza Giovanni Amendola» Anna incontra Paolo, un amico _____ Bologna. d. Paolo è solo, perché sua moglie è _____ Bologna _____ i bambini. e. Paolo è _____ Milano _____ affari.

8 Finden Sie heraus, welche der vorgegebenen fünf Antwortmöglichkeiten der jeweiligen Frage entsprechen.

Come sta, signora?	a. Non c'è male, grazie!
	b. Benissimo, grazie!
	c. Grazie, tutto bene!
	d. Non molto bene.
	e. Sta molto bene, grazie!
Die korrekten Antworten sind a., b., c., d.	

1. Scusi, vorrebbe rispondere a una o due domande?	a. Sì, molto volentieri.
	b. Dica!
	c. No, sono molto occupato!
	d. Per favore!
	e. Dica, prego!

Lezione seconda   17

2. Come mai sei a Padova, Gemma?

   a. Sono qui per studiare.
   b. Non sono di qui.
   c. Sono qui come turista.
   d. No, non sono di Padova.
   e. Per l'Università.

3. Qual è il Suo nome, ingegnere?

   a. Giorgio Alessio.
   b. Il mio nome è Giorgio Alessio.
   c. Sì, sono ingegnere.
   d. Giorgio di nome e Alessio di cognome.
   e. È l'ingegner Rossi.

4. Qual è la Sua professione, signora?

   a. Sono casalinga.
   b. Professoressa.
   c. Sono impiegata alla RAI.
   d. Sono impiegato all'Università.
   e. Sono ingegnere come mio marito.

5. ArrivederLa, signor Mancuso!

   a. Arrivederci!
   b. Ciao! A più tardi!
   c. A più tardi in albergo!
   d. Buon giorno e arrivederci!
   e. Tutto bene, grazie!

9 Übersetzen Sie!

Sandro Cellini, Journalist bei den italienischen Rundfunkanstalten, interviewt in Mailand Herrn Singer und seine Frau.

– Einen Augenblick, bitte. Macht es Ihnen was aus, mir einige Fragen zu beantworten?[1]
– Nein, bitte, worum handelt es sich?[2]
– Es ist für ein Interview des italienischen Rundfunks.
– Gut, einverstanden! Bitte, fangen Sie an![3]
– Wie ist Ihr Name, bitte?
– Peter Singer.
– Was machen Sie beruflich?
– Ich bin Ingenieur bei den Fiatwerken[4] in Heilbronn.

---

[1] Würden Sie bitte ein paar Fragen beantworten?   [2] (ja, gern, aber) wofür, warum
[3] Sagen Sie!   [4] bei den Fiatwerken = alla Fiat

- Wo kommen Sie her?[5]
- Ich bin aus Frankfurt.
- Und weshalb sind Sie in Mailand?
- Ich bin beruflich hier! Wegen der Mustermesse.
- Und die Dame …
- Das ist meine Frau Michaela.
- Guten Tag, gnädige Frau. Sind Sie auch beruflich hier in Mailand?
- Nein, ich bin als Touristin hier. Von Beruf bin ich Journalistin.
- Ah, gut! Sind Sie zum ersten Mal auf der Mailänder[6] Mustermesse?
- Auf der Messe, ja! Aber in Mailand bin ich zum zweiten Mal.
- Ich danke Ihnen für Ihre Freundlichkeit. Auf Wiedersehen!

---

[5] = wo sind Sie her?   [6] von Mailand.

Lezione seconda   19

Lezione terza 3

1a Schreib- und Ausspracheregeln

> Ähnliche Schreib- und Aussspracheregeln wie für „g" gibt es auch für „c" (→ I.1 und II.1). Fassen wir zusammen:
>
> **c** vor **a, o, u** und den Buchstabenkombinationen **he, hi** wird wie deutsches „k" ausgesprochen:
> domeni**ca**, **co**ntento, Man**cu**so, an**che**, **Chi**anti
> Dasselbe gilt auch, wenn „c" doppelt vorkommt:
> pa**cch**etto, ma**cch**ina, e**cc**o, o**ccu**pato …
>
> **c** vor **e, i** und den Buchstabenkombinationen **ia, io, iu** wird [tʃ] ausgesprochen (wie im Deutschen tsch):
> mi dispia**ce**, vi**ci**no, **cia**o …
> Wenn „c" doppelt vorkommt, bleibt der [tʃ]-Laut erhalten:
> cappu**cci**no, «Pizza Capri**ccio**sa» …

1b Diktat ⌾⌾

Vogliamo prendere un _____ ? No, preferisco un' _____ . Una bella spremuta d' _____ , per favore! Il mio _____ vorrebbe un' _____ _____ . Andiamo in _____ ? A piedi o in _____ ? _____ andiamo a piedi. D' _____ ? Quanti _____ stai a Milano? Sei _____ per affari? _____ ritornate a Venezia? L'albergo è comodo _____ è _____ _____ .

2a   Un incontro ⌒⊙

– Ciao Rossana! Ma che sorpresa ...
– Ciao Michela! Come va?
– Be', così così. Con la mia professione sono sempre così occupata ...! E tu, come stai?
– Io sto bene, grazie! Andiamo a prendere un caffè? Hai tempo?
– Sì, volentieri. Entriamo qui! È il bar dove Paolo ed io andiamo sempre.
– Che cosa prendiamo?
– Un espresso. Qui è sempre buono e molto forte.
– Se[1] è molto forte allora io preferisco un cappuccino.
– Signor Giovanni, un cappuccino e un espresso, per favore.
– E Paolo e i bambini come stanno?[2]
– Bene, grazie! Paolo è a Milano ...
– Anche lui è sempre in giro per la sua professione, vero?
– Sì, è a Milano per affari e anche per vedere la Fiera. E tu come mai sei a Bologna?
– Sono qui per un congresso[3]. Vorrei fare un paio di interviste per il «Corriere della Sera».
– Ah, bene. Quanti giorni stai a Bologna?
– Ancora una settimana.
– E domenica sei occupata?
– No, domenica no!
– Andiamo al ristorante insieme!
– Benissimo, d'accordo!
– Caspita[4], è già così tardi! Quant'è signor Giovanni?
– Ma no, offro io!
– No, no, oggi offro io! La prossima volta offri tu, va bene?
– D'accordo!
– Hai la macchina o sei a piedi?
– Oggi sono a piedi, ma il «Palazzo dei Congressi»[5] è qui vicino ...
– Bene, a domenica, allora eh!
– Sì, ciao, a domenica.

_____

[1] Se = wenn   [2] Wie geht es ihnen?   [3] wegen eines Kongresses   [4] Donnerwetter
[5] Kongreßhalle

Lezione terza   21

2b Richtig oder falsch?   vero   falso

    a. Michela è molto occupata.   ○   ○
    b. Michela non ha tempo per prendere un caffè.   ○   ○
    c. Michela va al bar per incontrare Paolo.   ○   ○
    d. Paolo è in giro per affari.   ○   ○
    e. Rossana è a Bologna per un congresso.   ○   ○
    f. Rossana è a Bologna per un giorno.   ○   ○
    g. Rossana sta a Bologna ancora 2 giorni.   ○   ○
    h. Michela è occupata per il suo giornale.   ○   ○
    i. Rossana è giornalista.   ○   ○

2c Beantworten Sie die Fragen:

a. Perché Michela è molto occupata? b. Michela ha tempo per prendere un caffè? c. Che cosa vorrebbe prendere Rossana? d. Perché? e. Qual è il nome del cameriere? f. Come stanno i bambini di Michela? g. Dov'è il marito di Michela? h. Perché Rossana è a Bologna? i. Quanto tempo sta ancora a Bologna Rossana? l. Rossana va al congresso a piedi o in macchina?

3 Vervollständigen Sie die nachstehenden Sätze unter Verwendung von Buchstaben aus den vorgegebenen Buchstabenreihen. Die nach Lösung dieser Aufgabe übriggebliebenen Buchstaben ergeben die Ergänzung des letzten Satzes.

a. Vogliamo prendere un aperitivo? Sì, volentieri! Andiamo
   a l b a r !   P Ⓐ R E Ⓛ F Ⓑ E Ⓐ Ⓡ R I S

b. Vado sempre a piedi perché
   non ho la ☐☐☐☐☐☐☐☐   M C A C O C H P I R N E A

c. Per me Venezia è una
   ☐☐☐☐☐ meravigliosa.   N C D E I T R T E U À N C

d. Giorgio è sempre ☐☐
   ☐☐☐☐ per affari.   A I P P N U G C C I I R O

e. La camera ha una bella vista
   ☐☐☐☐ ☐☐☐☐.   N S O U L P M E A R R E C

22   Lezione terza

f. «Hai una sigaretta?» «Mi ⬜⬜⬜⬜⬜⬜⬜, non fumo».

H É D I N S O P I A N C E

g. Vado a piedi perché l'albergo è ⬜⬜⬜⬜⬜⬜.

È C O S Ì V I F C I N O O

h. Il signor Mancuso ⬜⬜ ⬜⬜ ⬜⬜⬜ ⬜⬜⬜ il signor Braun.

R V A A L T B A E R C O N

i. «Vogliamo prendere un caffè?» «No,
⬜⬜⬜⬜⬜⬜⬜⬜⬜⬜
⬜⬜⬜⬜⬜⬜⬜⬜ ⬜⬜
⬜⬜⬜⬜⬜⬜⬜⬜⬜⬜
⬜⬜⬜⬜⬜⬜ ⬜⬜⬜⬜ ⬜
⬜⬜⬜⬜ ⬜⬜⬜⬜.»

4 Bilden Sie Sätze mit *un* oder *una:*

Il signor Klein è		congresso.
La signora Chelli va al bar con	un	giornalista tedesca.
Rossana è a Bologna per		sua collega.
Alla Biennale Lucia incontra	una	suo collega.
Ulrike Kleinhof è		turista tedesca.
Lucia non è		turista tedesco.

5 Übersetzen Sie:

a. Entschuldigen Sie bitte! Haben Sie ein Zimmer mit Blick aufs Meer? b. Es tut mir leid, alle Zimmer sind besetzt. c. Hast du bitte eine Zigarette für mich? d. Ja, eine HB. Wollen wir einen Kaffee trinken? e. Es tut mir leid, aber für mich ist es schon spät. f. Wie geht es euch? Wann kommt ihr nach Neapel zurück? g. Venedig ist eine wunderschöne Stadt. h. Es ist wahr, aber ich ziehe Rom vor.

Lezione terza   23

6 Wählen Sie das richtige Wort aus:

a. – Buon giorno, signora! Come (stai/sta/stanno)? b. – Non c'è male, ma sono molto (occupato/occupata/occupati) c. perché (mio/il mio/Suo) marito è in giro per affari d. e io sono (solo/sola/soli) con i bambini. e. – Dov'è (il Suo/Suo/il suo) marito? f. – È (a/alla/in) Germania, a Berlino. g. – Vogliamo prendere un caffè? – Sì, perché no! Entriamo (in/al/alla) bar «Roma». h. Qui il caffè è sempre (bene/benissimo/buono). i. – Io vorrei prendere anche un'aranciata perché (ha/ho/hai) sete. l. – Pronto, mamma? Sono a Venezia. Come (stai/sta/sto)? m. – Bene, e voi come state? Siete (contento/contenti/contenta) dell'albergo? n. Quanto tempo state (ancora/già/mai) a Venezia?

7 Bilden Sie Fragen mit *che cosa, come, come mai/perché, dove, di dove, qual, quando, quanto, quanto tempo:* ⟀

> Giorgio vorrebbe prendere un caffè.
> – Che cosa vorrebbe prendere Giorgio?

a. Giorgio vorrebbe prendere un caffè.
b. Il bar «Roma» è qui vicino.
c. Lucia vorrebbe fare un'intervista.
d. L'albergo è lì all'angolo.
e. Le camere hanno una bella vista.
f. Giorgio va alla Biennale a piedi.
g. La Biennale è molto interessante.
h. Michela e Paolo hanno due bambini.
i. Giorgio sta qui una settimana.
l. Giorgio è ingegnere di professione.
m. Il suo cognome è Mancuso.
n. La moglie di Giorgio sta bene.
o. Giorgio è a Milano per affari.
p. Lucia è di Milano.
q. Il caffè qui è sempre buono.

8 Fragen Sie nach dem Muster: ⟀

> I bambini hanno sete.
> – Hanno sete i bambini?
>
> Lucia ha una professione interessante.
> – Ha una professione interessante Lucia?

a. I bambini hanno sete.
b. Lucia ha una professione interessante.
c. Giorgio ha la macchina fuori.
d. I Mancuso hanno una bella camera.
e. Le camere hanno una bella vista.
f. Lucia ha molto tempo.
g. Rossana ha una sigaretta.
h. I Rossi hanno una camera comoda.

9   Bilden Sie Fragen nach dem Muster: ꞎ

> Ho sete.   Abbiamo sete.
> – Hai sete?   – Avete sete?

a. Ho sete.   e. Ho una professione interessante.
b. Abbiamo sete.   f. Ho un amico a Bologna.
c. Abbiamo una macchina comoda.   g. Abbiamo due bambini.
d. Ho una MS. (emme esse)   h. Abbiamo un pacchetto di HB.

10   Übersetzen Sie:

– Hallo Markus! Wie geht es dir denn?
– Hallo Bruno! Mir geht es gut, und dir?
– Na ja, es geht so. Komm! Gehen wir mal einen Kaffee trinken![1]
– Du, es tut mir leid, aber für mich ist es schon spät.
– Wieso schon spät?
– Ja, ich muß[2] zur Uni fahren.
– Ich auch. Trinken wir einen Espresso und dann[3] fahren wir zusammen.
  Ich hab den Wagen da.
– Na gut, einverstanden!
– Komm! Gehen wir hier rein! Was wollen wir trinken?
– Ich hab' Durst. Ich trinke lieber eine „Limo"[4].
– Fräulein! Einen Espresso und eine Limo, bitte!
– Ich muß am Sonntag nach Italien fahren.
– So? Und wohin?
– Nach Bologna. Es ist schon mein zweiter Besuch in Bologna.
– Ist es eine interessante Stadt?
– Ja doch! Aber ich fahre zu einem Kongreß.
– Zu welchem Kongreß?
– Zum „Congresso Internazionale per l'Università Europea".
– Ach ja! Für die Europäische Universität, also! Sehr gut!
  Viel Spaß[5] in Bologna!

---

[1] Komm! Gehen wir ... = Gehen wir einen Kaffee nehmen.   [2] ich muß = devo
[3] dann = *hier* poi   [4] Ich trinke lieber eine Limo = ich bevorzuge eine Orangeade
[5] buon divertimento

Lezione terza   25

Lezione quarta 4

1a   Schreib- und Ausspracheregeln

> Die Buchstabenkombinationen **scia** und **schia** ergeben eine unterschied-
> liche Aussprache. Die erste wird wie deutsches „scha" und die zweite
> wie deutsches „skia" ausgesprochen. Vergleichen Sie:
> La**scia**mo stare! (= laschamo) – La Casa **Schia**ppino (= skiappino).
>
> Achten Sie auf Aussprache und Schreibung bei folgenden Familienna-
> men: Sciarra, Schiavi, Sciascia, Schiapparelli, Foschiani, Cosciani …

1b   Sie hören 15 Wörter, die einen [tʃ]- (wie in „mi dispia**ce**"), einen [dʒ]- (wie
in „og**gi**") oder einen [ʃ]-Laut (wie in „la**scia**mo") enthalten. Kreuzen Sie
an, welchen Laut Sie jeweils hören. Beispiel: Wenn Sie das Wort „fran**ce**se"
hören, kreuzen Sie [tʃ] an, wie im Modell vorgegeben: ↻

	0	1	2	3	4	5	6	7	8	9	10	11	12	13	14	15
[tʃ]	X															
[dʒ]																
[ʃ]																

1c   Sie hören 10 Wörter, von denen nur 4 einen k-Laut (wie in **c**omprare, an**ch**e
u. ä.) enthalten. Schreiben Sie bitte diese 4 Wörter auf: ↻

1. _____

2. _____

3. _____

4. _____

2a   **Ai Grandi Magazzini** ↻

Francesca legge il giornale e vede un annuncio della UPIM, i grandi magazzini della città.

Per lei quest'annuncio è molto interessante perché vorrebbe comprare una giacca o un pullover. Prende la macchina e va alla UPIM:

– Buon giorno, signorina! Vorrei una giacca. Sul giornale di oggi c'è un annuncio che offre giacche di lana a prezzi eccezionali.
– Sì, è vero, signora. La giacca è per Lei?
– Sì, è per me. Di taglia ho il quarantasei (46).
– Allora, vediamo … Ecco, signora, questa giacca di lana «Cashmere» è sportiva[1] e molto comoda.
– È vero, sì! E sta[2] anche bene con la mia gonna nuova. Quanto costa?[3]
– Cinquantamila lire (50.000), signora!
– Cosa? Mi dispiace, ma non vorrei spendere tanti soldi per una giacca.
– Quest'anno, signora, i prezzi sono così. 50.000 lire per una giacca di lana è un prezzo proprio eccezionale. E la lana migliore è proprio la «Cashmere».
– Sì, ma se è possibile, io non vorrei spendere tanto. Allora preferisco prendere un pullover.
– Va bene, signora! Ecco … questo pullover è molto pratico. Sta bene con i jeans, ma anche con una gonna elegante. È di lana Shetland, vede?
– Quanto costa?
– Diciottomila lire (18.000), signora.
– Il prezzo è buono. Allora prendo proprio il pullover. Grazie, signorina!
– Grazie a Lei, signora!

2b   Richtig oder falsch?

		vero	falso
a.	L'annuncio della UPIM è interessante per Francesca.	◯	◯
b.	Francesca vorrebbe comprare una giacca e un pullover.	◯	◯
c.	Alla UPIM Francesca compra una gonna.	◯	◯
d.	Francesca vorrebbe una gonna nuova.	◯	◯
e.	Francesca non compra la giacca di lana.	◯	◯
f.	Per Francesca la giacca di lana è cara.	◯	◯
g.	Francesca non compra la giacca perché non è pratica.	◯	◯
h.	Francesca è contenta del pullover.	◯	◯
i.	Il prezzo del pullover a Francesca va bene.	◯	◯
l.	Il pullover sta bene solo con i jeans.	◯	◯

---

[1] sportlich   [2] = *hier* paßt   [3] kostet

28   Lezione quarta

2c Beantworten Sie die Fragen:

a. Che cosa vede Francesca sul giornale? b. Perché l'annuncio è interessante per lei? c. Francesca va alla UPIM in macchina o a piedi? d. Com'è la giacca di lana? e. Francesca compra la giacca di lana? f. E come mai? g. Con che cosa sta bene? h. Con che cosa sta bene il pullover? i. Perché Francesca compra il pullover?

3 Ergänzen Sie die folgende Erzählung mit den passenden Verbformen:

Francesca (leggere) _____ sul giornale un annuncio interessante: (invitare) _____ ai grandi magazzini e (offrire) _____ abiti a prezzi molto buoni, proprio eccezionali. L'annuncio (essere) _____ interessante per lei perché vorrebbe (comprare) _____ una giacca o un pullover senza (spendere) _____ tanti soldi. Ai grandi magazzini Francesca (vedere) _____ una giacca di «Cashmere» molto bella, ma (essere) _____ molto cara. (Preferire) _____ prendere un pullover di lana. Perché non (costare) _____ molto e (stare) _____ bene con una gonna elegante e anche con i jeans.

4 Fassen Sie den Inhalt der kurzen Dialoge nach dem Muster zusammen:

> Francesca: Io prendo un caffè, e tu?
> Patrizia: Io preferisco un cappuccino. Non è così forte.
> Patrizia preferisce un cappuccino perché non è così forte.

a. Anna: Dove compri i vestiti, Gina?
   Gina: Ai grandi magazzini. Lì risparmio sempre molti soldi.
   Gina _____ perché _____ .

b. Piero: Guardi la TV?
   Lucia: No, alla TV c'è solo pubblicità. Leggo il giornale.
   Lucia _____ perché _____ .

c. Nicola: Vai al ristorante «Roma»?
   Enrico: Sì, per me è un ristorante molto buono.
   Enrico _____ perché _____ .

d. Giuseppe: Andiamo al bar?
   Giovanni: Mi dispiace, ma non ho tempo.
   Giovanni _____ perché _____ .

Lezione quarta   29

e. Rossana: Come mai non compri la giacca?
   Michela: Non vorrei spendere tanti soldi.
   Michela _____ perché _____ .

5 Hören Sie sich die Kurzdialoge an und kreuzen Sie dann die zu den Fragen passenden Antworten an: ͻᴑ

> – Cameriere, un Martini, per favore!
> – Va bene, signore.
> Dov'è il signore? X. Al bar. b. Ai grandi magazzini. c. Alla Biennale.

1. – _____ .
   – _____ .

Perché non è possibile avere una camera? a. Tutte le camere sono occupate. b. Le camere non hanno vista sul mare. c. La camera con vista sul mare è molto cara.

2. – _____ .
   – _____ .

Come va all'albergo il signore? a. In macchina. b. In tassì. c. A piedi.

3. – _____ !
   – _____ !

Dove sono i due signori? a. Al ristorante. b. Alla UPIM. c. A casa.

4. – _____ ?
   – _____ .

Che cosa compra ancora la signora? a. Solo il vino. b. Vero caffè. c. Il vino e il caffè.

6 Bilden Sie Sätze:

	compra	il	annuncio interessante sul giornale.
	guarda	la	aranciata fresca alla signora Cinti.
Francesca	legge	l'	macchina per risparmiare.
	offre	un	scialle di lana.
	prende	un'	tassì per andare in città.
	vende	uno	ultima moda di quest'anno.

30 Lezione quarta

7 Füllen Sie das nachstehende Kreuzworträtsel aus, indem Sie die gesuchten Wörter aus den vorgegebenen Silben zusammensetzen. Die Silben der fett umrandeten Spalte ergeben die Lösungswörter des letzten Satzes.

a cia de do ga gi ma ni ran re ret ro si spen sta ta te vi

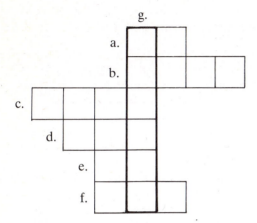

a. Tutte le camere hanno una bellissima _____ sul mare.
b. Avete _____ qui? – Sì, ma solo le HB.
c. Che cosa bevi, una spremuta o un' _____ .
d. Non vorrei _____ tanti soldi per vestiti.
e. Mio marito non c'è, è in _____ per affari.
f. Quando vai a Venezia? – _____
g. Giorgio quest'anno vorrebbe _____ _____ .

8 Finden Sie heraus, welche Antworten zu den jeweiligen Fragen möglich sind:

1. _____
a. Alla SUPERMODA. b. Vado sempre ai grandi magazzini perché così risparmio. c. Va sempre ai grandi magazzini. d. Dove è possibile risparmiare. e. Ogni anno.

2. _____
a. No, non ha molti vestiti. b. No, per i vestiti no. c. No, perché non ha molti soldi. d. No, preferisco risparmiare. e. No, perché è possibile comprare bene senza spendere molto.

Lezione quarta

3. _____

a. Costa diciottomila (18.000) lire. b. Il prezzo è molto buono, signora.
c. Non costa molto. d. Domenica, signora. e. Con lo sconto 50.000 (cinquantamila) lire, signora.

4. _____

a. Abbiamo tutte le taglie, signora. b. No, mi dispiace. c. Sì, mi dispiace.
d. Sta bene con tutto, signora. e. Sì, ancora due, signora.

5. _____

a. La Fiat è migliore. b. Per me va bene la Fiat. c. Preferisce la Fiat. d. Preferisco la «Fiesta» della Ford. e. Io sono contento della mia Fiat.

9 Übersetzen Sie:

– Helga, diese Anzeige ist sehr interessant für dich!
– Welche denn?[1]
– Hier, in der Zeitung: „Möchten Sie einen modernen Rock, eine sportliche
  Wolljacke oder schicke Schuhe kaufen? Das Kaufhaus an der Corelli-
  straße[2] bietet all dies zu außergewöhnlichen Preisen".
– Ach, schon wieder Werbung.
– Stimmt! Es ist nur Werbung, aber die Preise sind recht interessant. Wol-
  len wir zusammen ins Kaufhaus gehen?
– Na gut! Wenn die Preise so außergewöhnlich sind, möchte ich einen Pulli
  für Mario kaufen.

– Guten Tag. Ich suche einen Pulli.
– Für Sie?
– Nein, für meinen Mann; Größe 50, bitte!
– Ja, schauen wir mal zusammen! Dieser hier ist aus Shetlandwolle und
  sehr bequem.
– Ja, der ist wirklich schön und paßt zu allem, nicht wahr?
– Ja! und der Preis ist sehr günstig[3].
– Wieviel kostet er?
– 18.000 Lire.
– Gut, ich nehme den Pulli, der Preis ist sehr gut. Hier sind 18.000 Lire für
  Sie[4]. Vielen Dank und Auf Wiedersehen.

---

[1] denn = unübersetzt   [2] in via Corelli   [3] günstig = gut   [4] ecco a Lei

Lezione quinta 5

1a Schreib- und Ausspracheregeln

> Normalerweise werden im Italienischen die Wörter auf der vorletzten Silbe betont: Ve**ne**zia, occu**pa**to, al**ber**go, profes**sio**ne, ma**ri**to, usw. Die Betonung bleibt auch bei den Wörtern erhalten, die aus bestimmten Gründen die letzte Silbe verlieren: sig**no**re – il sig**nor** Cinquetti; profes**so**re – il profes**sor** Bianchi; inge**gne**re – l'inge**gner** Rossi; ca**na**le – il Ca**nal** Grande; mi**glio**re – il mi**glior** vino, usw.
>
> Es gibt jedoch viele Wörter, die auf der dritt- oder sogar viertletzten Silbe betont werden. Hierunter fallen alle Verbformen der 3. Person Plural im Präsens Indikativ: **la**sciano, **ven**dono, **of**frono, **vi**sitano, de**si**derano, usw. Vergleichen Sie außerdem: **co**modo, **pic**colo, ri**spon**dere, **vi**sita, **pren**dere, **an**golo, **mac**china, te**le**fono, **ca**mera, do**me**nica, **pra**tico, **a**bito, **ul**timo, **i**sola, usw.
>
> Trägt das Wort den Akzent auf der letzten Silbe, so muß er auch geschrieben werden: tas**sì**, cit**tà**, nazionali**tà**, pubblici**tà**, usw. Die Vokale **a, i, o, u** tragen immer den Gravis ('), auf **e** dagegen kann sowohl der Gravis als auch der Akut (') stehen, je nachdem ob die Aussprache offen oder geschlossen ist. Vergleichen Sie: caf**fè** (offen) und per**ché** (geschlossen). Beachten Sie außerdem den Unterschied zwischen **sì** (ja) und **si** (man, sich), **è** (ist) und **e** (und).

1b Diktat ꙮ

Chiara e Giuliano _____ un posto libero in un _____ . È _____ trovare un posto in «Piazzale Roma», _____ a Venezia in questa _____ ci sono molti turisti. Ci sono _____ di tutte le _____ che desiderano ammirare il _____ di questa _____ . Chiara e Giuliano _____ la _____ in «Piazzale Roma» e prendono il vaporetto _____ va in città.

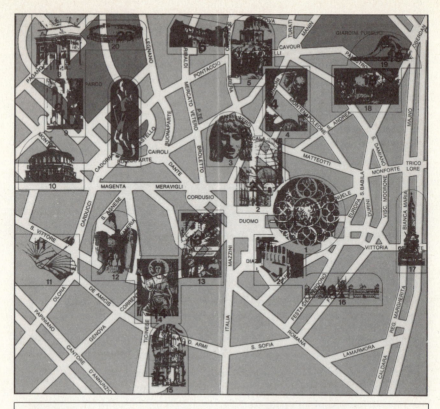

Duomo 1
Galleria Vittorio Emanuele II 2
Teatro alla Scala 3
Museo Poldi-Pezzoli 4
Palazzo di Brera 5
Basilica di S. Simpliciano 6
Castello Sforzesco 7
Arco della Pace 8
Palazzo dell'Arte 9
S. Maria delle Grazie – Cenacolo Vinciano 10
Museo della Scienza e della Tecnica 11
Basilica di Sant'Ambrogio 12
Pinacoteca Ambrosiana 13
Basilica di S. Lorenzo 14
Basilica di S. Eustorgio 15
Antico Ospedale Sforzesco 16
Monumento alle Cinque Giornate 17
Galleria d'Arte Moderna 18
Museo di Storia Naturale 19
Arena (Stadio Civico) 20
Ente Provinciale per il Turismo 21

2a Una visita a Milano

Tutti gli anni Giulia e Guido Taggia vanno alla «Fiera Campionaria» di Milano per affari. I Taggia sono di Genova, dove hanno un grande mobilificio[1]. Quando sono a Milano, vanno sempre all'Hotel «Ambasciatori d'Italia». È un albergo molto comodo, perché è vicino alla Fiera. È tanto grande che i

34 Lezione quinta

Taggia trovano sempre una camera libera anche quando a Milano arrivano moltissimi italiani e stranieri di tutto il mondo per visitare la Fiera. L'albergo ha anche un grande parcheggio dove è[2] sempre possibile trovare un posto libero per la macchina.

Quando Giulia e Guido non sono occupati per la Fiera, vanno in giro per Milano. I turisti stranieri – chissà perché – non amano molto questa città. È vero che a Milano non c'è il mare e che il clima non è molto buono, ma per Giulia e Guido che a Genova hanno il mare e il clima della Riviera tutto l'anno, Milano è una città meravigliosa. Ma che cosa offre questa città? Tutto! Non c'è solo la «Scala» o il «Piccolo Teatro», ma anche la bellissima «Pinacoteca di Brera», il «Castello», il «Duomo», il «Museo Poldi-Pezzoli», gli affreschi[3] di Leonardo da Vinci e molte altre cose. I Taggia vanno anche in giro volentieri per le strade eleganti del centro, come «via Manzoni», «via Montenapoleone» o in «Galleria», dove è possibile ammirare la vera Milano di oggi. Insomma, chi cerca in Italia non solo l'arte, ma anche la cultura[4] moderna trova in una città come Milano un vero paradiso.

2b Falsch oder richtig?

	vero	falso
a. Ogni anno Giulia e Guido vanno a Milano.	◯	◯
b. I Taggia sono di Milano e vanno a Genova.	◯	◯
c. Preferiscono l'albergo «Ambasciatori».	◯	◯
d. L'albergo ha molte camere.	◯	◯
e. Il parcheggio dell'albergo è sempre occupato.	◯	◯
f. Per i Taggia Milano è una città interessante.	◯	◯
g. A Milano il clima è come a Genova.	◯	◯
h. I Taggia amano andare in giro per Milano.	◯	◯

2c Beantworten Sie die Fragen:

a. Perché i Taggia vanno a Milano ogni anno? b. Perché vanno all'Hotel «Ambasciatori»? c. È difficile trovare una camera libera in quest'albergo? d. Dove vanno i Taggia quando non sono alla Fiera? e. I Taggia amano Milano? f. Amano Milano per il clima? g. Che cosa offre Milano ai turisti?

---

[1] Möbelgeschäft [2] „dove" wird hier nicht apostrophiert, weil es einen Relativsatz einleitet. [3] Fresken [4] Kultur

Lezione quinta   35

3 Übersetzen Sie:

a. Wollen wir einen Platz für den Wagen suchen? b. Es ist schwierig, einen freien Platz zu finden. c. Auf diesem Parkplatz sind noch viele Parklücken. d. Gut, lassen wir den Wagen hier, einverstanden? e. Wollen wir zu Fuß gehen oder ziehst du es vor, mit dem Schiff in die Stadt hineinzufahren? f. Ich würde lieber zu Fuß gehen, wenn du einverstanden bist. g. In Venedig sind so viele Touristen zu dieser Jahreszeit, nicht wahr? Ja, und sie fahren alle mit dem Schiff.

4a Bilden Sie Fragen und antworten Sie darauf nach dem Muster:

> parcheggio / a destra
> – È possibile trovare un parcheggio?
> – Sì, a destra ci sono molti parcheggi.

a. parcheggio/a destra
b. camera/all'albergo «Italia»
c. bar/all'angolo
d. ristorante/in centro
e. grande magazzino /in via Garibaldi
f. tassì/ in Piazzale Mazzini
g. albergo/qui vicino
h. vaporetto per Murano/in Piazza S. Marco.

4b Hören Sie die Übung nun vom Band und beantworten Sie die Fragen ohne Zuhilfenahme des Buches. ◠◡

5 Setzen Sie in die Lücken *tanto* oder *quanto* ein:

a. _____ gente in questo bar! Sì, qui c'è sempre _____ gente.

b. _____ soldi hai? – Non ho _____ soldi per comprare una macchina nuova.

c. _____ costa l'«Alfetta»? – Per la macchina che è, non costa _____ .

d. Che cosa c'è di bello a Milano? – Ci sono _____ cose interessanti.

e. _____ grazie per l'aperitivo, ingegnere!

f. _____ venditori! Che cosa vendono? – Tutto! I turisti comprano _____ souvenir.

g. Sei libero domani? – No, domani non ho _____ tempo.

h. _____ giorni stai a Milano? – Una settimana.

36 Lezione quinta

6 Erzählen Sie über Mailand und verwenden Sie dazu *c'è – ci sono:*

A Milano	**?**	molte strade eleganti. la Scala. tanti alberghi. gli affreschi di Leonardo. «la Pinacoteca di Brera». la RAI.

7 Ergänzen Sie Giulias Brief an die Mutter:

Cara mamma, Guido ed io (essere) _____ all'Hotel Ambasciatori, come sempre. (avere) _____ una bella camera con tutti i confort. Anche domani (andare) _____ alla Fiera dove (incontrare) _____ i colleghi di Bologna. (desiderare) _____ anche visitare la città, se (avere) _____ tempo. (stare) _____ a Milano ancora alcuni giorni e (preferire) _____ ritornare a Genova domenica. (lasciare) _____ sempre la macchina nel parcheggio dell'albergo, perché (andare) _____ molto volentieri a piedi.

8 Geben Sie den Inhalt des Briefes in Erzählform wieder:

Giulia e Guido sono all'Hotel Ambasciatori ...

9 Welches Wort paßt in die Lücke?

1. Chiara e Giuliano _____ visitare Venezia.
   a. vorrei b. desiderano c. vogliamo

2. Vanno a Venezia _____ macchina.
   a. in b. con c. per

3. Lasciano la macchina in un _____ .
   a. parcheggio b. posto c. albergo

4. A Venezia _____ molti turisti.
   a. sono b. ci sono c. c'è

5. In questa stagione è difficile _____ una camera libera.
   a. trovare b. cercare c. di avere

6. Tutti _____ turisti prendono il vaporetto.
   a. gli b. i c. le

Lezione quinta   37

7. I venditori _____ guide della città.   a. vendiamo b. offrono
                                              c. gridano
8. Chiara compra _____ cartoline.   a. alcune b. alcuni c. molti

10 Bilden Sie Sätze mit *in* oder *a*:

Vorrei andare		Jugoslavia Svizzera Venezia Berlino Austria Berna Germania

11 Übersetzen Sie:

– Wo lassen wir den Wagen?
– Suchen wir mal¹ einen Parkplatz!
– Meine Güte! Autos sind da!² Ob³ wir einen Platz finden!
– Da! Rechts ist eine Parklücke!
– Ich sehe nur ausländische Autos.
– In dieser Jahreszeit gibt es in Venedig nur ausländische Touristen. Die Venezianer verlassen⁴ die Stadt und fahren ans Meer.
– Ob wir ein Zimmer kriegen?⁵
– Ja, ja! Es gibt so viele Hotels in Venedig!
– Wollen wir hier nachfragen⁶ oder fahren wir ins Zentrum?
– Die Hotels im Zentrum sind besser. Wollen wir zu Fuß gehen?
– Ja, ich würde lieber laufen⁷, auch weil auf den „vaporetti"⁸ so viele Leute sind.
– Du¹, schau, da gibt es einen Stadtplan! Wollen wir nachsehen, wo das Zentrum ist?
– Es ist nicht schwierig, zum Markusplatz zu gelangen⁹. Und wenn wir den Weg¹⁰ nicht finden, dann¹ fragen wir halt¹.

---

¹ unübersetzt   ² wörtlich: wie viele Autos da sind   ³ wer weiß, ob ...   ⁴ lassen
⁵ finden   ⁶ fragen   ⁷ ich ziehe vor, zu Fuß zu gehen   ⁸ sui vaporetti   ⁹ ankommen   ¹⁰ die Straße

38   Lezione quinta

Lezione sesta 6

1a Schreib- und Ausspracheregeln

> Sie kennen bereits eine Reihe von Wörtern, in denen die Buchstaben-
> kombinationen **gl** oder **gn** vorkommen, wie z.B. mo**gl**ie oder si**gn**ora.
> Sie werden ungefähr wie „lj" oder „nj" ausgesprochen, wie z.B. in den
> deutschen Wörtern Batai**ll**on bzw. Compa**gn**on.
> Vergleichen Sie die unterschiedliche Schreibung und Aussprache fol-
> gender Wörter: ○─○
> mo**gl**ie – Giu**l**ietta; la ta**gl**ia – l'Ita**l**ia; vo**gl**iamo – ita**l**iano; inge**gn**ere –
> stra**n**iero; spe**gn**iamo – matrimo**n**iale.

1b Sie hören 10 Wörter, die mit **gl** bzw. **gn** oder mit einfachem **l** bzw. **n** geschrieben werden. Beim jeweiligen Wort kreuzen Sie den entsprechenden
Laut an: ○─○

	1	2	3	4	5	6	7	8	9	10
gl										
gn										
l										
n										

1c Zur Aussprache von „s"

> In der Aussprache unterscheidet man stimmloses **s**, wie z.B. **s**enza, von
> stimmhaftem (vi**s**ita).
>
> Stimmlos wird **s** ausgesprochen:
> a. Am Wortanfang: **s**ervire, **s**o-
> no, **s**inistra, **s**empre, **s**uo, **S**an
> Marco
> b. Im Wortinneren nach einem
> Konsonant: for**s**e, pen**s**ione,
> per**s**ona
> c. Wenn es verdoppelt ist: pa**ss**a-
> porto, po**ss**ibile, intere**ss**ante
>
> Stimmhaft wird **s** ausgesprochen:
> a. Vor stimmhaften Konsonan-
> ten: **S**vizzera, Jugo**s**lavia, co-
> muni**s**mo
> b. Zwischen zwei Vokalen: **s**cu**s**i,
> televi**s**ione, vi**s**itare

Einige Wörter wie z. B. **casa, cosa, così** werden in manchen Gegenden Mittel- und Süditaliens mit einem stimmlosen s ausgesprochen.

Achten Sie darauf, daß **st** und **sp** stets als **s-t** und **s-p** auszusprechen sind: vi**st**a (vis-ta, nicht vischta), ri**sp**armiare (nicht rischparmiare).

1 d Sie hören einige Sätze, in denen Wörter mit stimmhaftem oder stimmlosem „s" vorkommen. Tragen Sie in die unten angegebenen Sätze das fehlende „s" ein und kennzeichnen Sie den Unterschied zwischen stimmhaft und stimmlos durch die Verwendung von $\bar{s}$ für stimmhaft und s für stimmlos. Z. B.:
De$\bar{s}$idero vi$\bar{s}$itare le regioni dell'Italia settentrionale. ◯◯

a. Molti turi__ti __tranieri vi__itano ogni anno la Jugo__lavia.
b. __ei __olo a Venezia? – No, non __ono __olo, anche __u__anna è qui.
c. La pen__ione completa co__ta __etemila lire a per__ona.
d. Dalle __ette in poi guardo __empre la televi__ione.
e. Chiara de__idera andare in Piazza __an Marco e prende il vaporetto che va ver__o il centro.
f. I Mancu__o vi__itano la __vizzera per la __econda volta.

2 Die Buchstaben des Alphabets heißen:

a = a	g = gi (dschi)	o = o	u = u
b = bi	h = acca	p = pi	v = vi
c = ci (tschi)	i = i	q = qu	z = zeta
d = di	l = elle	r = erre	
e = e	m = emme	s = esse	
f = effe	n = enne	t = ti	

3 Diktat ◯◯

La signora Attolini è _____ «Italia» e desidera fare _____ in camera. Telefona _____ portiere e _____ un succo _____, un caffellatte, _____ panini, burro, _____ e miele. Suo marito _____ non desidera fare colazione. Va _____ bar _____ e prende solo un _____ .

40   Lezione sesta

4a Una prenotazione ◯◯

All'Albergo "Sabbiadoro"   **Peter Müller**
Lungomare Garibaldi   Richardstr. 115 · D–4000 Düsseldorf
I - 34073 Grado (Gorizia)
                      15 marzo 1979

Desidero prenotare due camere dal 15[1] luglio al 15 agosto.
Vorrei una camera matrimoniale con bagno per mia moglie
e per me, e una camera a tre letti con doccia per i
bambini. Nel Vs.[2] albergo ci sono ancora camere libere?
Quanto costa la pensione completa? È possibile avere le
camere al primo o al secondo piano?

                   Cordiali saluti[3]
                   Peter Müller

4b Risposta ◯◯

Albergo Sabbiadoro   **Lungomare Garibaldi**
                                       I-34073 Grado (Gorizia)

Egregio[4] signor Müller,   15 aprile 1979

   molte grazie per la Sua prenotazione del 15 marzo. Dal 15 luglio
al 15 agosto abbiamo ancora tre camere libere: due camere matri-
moniali, una con doccia al secondo piano e una con bagno al terzo,
e una camera a tre letti con doccia al terzo piano.
   Tutte le camere hanno un balcone[5] con vista sul mare. In alta
stagione la pensione completa costa dodicimila (12.000) lire al
giorno e a persona.
   Aspettiamo la conferma[6] della Sua prenotazione.

                  Distinti saluti[7]
                  La Direzione
                        Schiavon

---

[1] 15 = quindici   [2] Vs. = Abkürzung für Vostro (Euer, Ihr)   [3] Herzliche Grüße
[4] sehr geehrter   [5] Balkon   [6] Wir erwarten die Bestätigung   [7] wie bei 3

Lezione sesta   41

4c

```
TELEX  prego prenotare terzo piano una
       matrimoniale bagno una tre letti doccia
       15/7 - 15/8 peter mueller.
```

4d Richtig oder falsch?   vero   falso

    a. Il signor Müller vorrebbe andare a Grado.   ◯   ◯
    b. Desidera prenotare due camere all'Albergo
       «Sabbiadoro».   ◯   ◯
    c. I Müller hanno due bambini.   ◯   ◯
    d. I Müller desiderano la pensione completa. ◯   ◯
    e. All'Albergo «Sabbiadoro» non ci sono camere
       libere.   ◯   ◯
    f. Tutte le camere sono senza bagno.   ◯   ◯
    g. I Müller prenotano tre camere al terzo piano. ◯   ◯
    h. I Müller prenotano due camere con balcone.   ◯   ◯

4e Beantworten Sie die Fragen:

    a. Quante camere vorrebbe prenotare il signor Müller?
    b. Per quando?
    c. Che camere desidera prenotare?
    d. Quante camere libere ci sono ancora all'Albergo «Sabbiadoro»?
    e. Come sono le camere?
    f. Quanto costa la pensione completa al giorno?
    g. Che camere prenota il signor Müller con il telex?

5 Ergänzen Sie die folgenden Sätze mit *è molto bello, è possibile* oder *è una fortuna:*

a. A Venezia _____ andare in giro a piedi.

b. _____ trovare una camera libera in alta stagione.

c. Ci sono tante macchine che _____ trovare un posto libero!

d. _____ avere una camera con vista sul mare?

e. Non _____ arrivare in Piazza San Marco in macchina.

f. Anche senza prenotazione _____ trovare una camera libera.

g. _____ fare colazione in camera?

h. _____ fare un giro in vaporetto sul Canal Grande.

6 Wie sagt man auf Italienisch, wenn …?
Beispiel:

Sie sind in Florenz und suchen ein Zimmer. Sie fragen jemanden auf der Straße, ob es in der Nähe ein Hotel gibt. Was sagen Sie?
Scusi, c'è un albergo qui vicino?

---

a. Der Befragte antwortet, daß es an der Ecke ein Hotel gibt, das Hotel „Villa Medici". Was sagt er?

b. Sie gehen zum Hotel „Villa Medici" und fragen den Portier nach einem Einzelzimmer mit Bad für eine Woche. Was sagen Sie?

c. Der Portier antwortet, daß es leider keine freien Zimmer mehr mit Bad, aber noch ein Zimmer mit Dusche im 6. Stock gibt. Was sagt er?

d. Sie nehmen das Zimmer und möchten wissen, wieviel die Vollpension pro Tag kostet und ob es möglich ist, im Zimmer zu frühstücken. Was sagen Sie?

e. Der Portier sagt, daß die Vollpension 12.000 Lire pro Tag kostet und daß es jeden Tag möglich ist, ab 7.00 Uhr im Zimmer zu frühstücken. Was sagt er?

f. Am folgenden Tag bestellen Sie telefonisch das Frühstück. Sie bestellen einen Milchkaffee, einen Grapefruitsaft, Zwieback mit Butter, Marmelade und Honig. Was sagen Sie?

7 Setzen Sie das richtige Wort ein:

Gianna e Sergio arrivano _____ Venezia _____ macchina. Per prima _____ cercano una _____ in un albergo. Vanno all'Hotel Ambasciatori e chiedono _____ portiere una camera matrimoniale.

Lezione sesta   43

La camera _____ settemila lire _____ giorno con la colazione.
È possibile _____ colazione _____ camera o _____ ristorante _____ albergo. Gianna e Sergio prendono la camera e
_____ i passaporti al portiere.

8 Bilden Sie Fragesätze nach dem Muster: ꝏ

> I Rossi cercano una camera. (che cosa)
> – Che cosa cercano i Rossi?

a. Chiara vorrebbe una camera singola. (che cosa)
b. Giuliano desidera una camera al secondo piano. (a quale piano)
c. Il signor Rossi prenota una camera per sua moglie. (per chi)
d. I Rossi lasciano i passaporti al portiere. (a chi)
e. I bagagli di Chiara e Giuliano sono in macchina. (dove)
f. Chiara e Giuliano sono a Venezia per una settimana. (per quanto tempo)
g. La pensione completa costa settemila lire al giorno. (quanto)
h. I Rossi desiderano fare colazione in camera. (dove)
i. Per la colazione telefonano al portiere. (a chi)
l. È possibile fare colazione dalle sette in poi. (a che ora)

9 Übersetzen Sie bitte:

Anfrage:

Volker Köditz

D-6900 Heidelberg
Bergstraße 78

Pension "Alpi"
I - 39033 Corvara in Badia/Bolzano

Sehr geehrter Herr Sassonghèr,

vom 15.7. bis zum 25.7. bin ich wieder in Corvara. Auch
dieses Jahr möchte ich ein Einzelzimmer mit Bad oder
Dusche reservieren. Wenn es möglich ist, möchte ich
heuer das Zimmer mit Vollpension.
In Erwartung einer Bestätigung von Ihnen[1] verbleibe ich[2]

mit freundlichen Grüßen

Volker Köditz

Antwort:

Pension Alpi
I-39033 Corvara in Badia/Bolzano

Sehr geehrter Herr Köditz,

vom 15.7. bis zum 25.7. sind leider[3] keine freien Zimmer mehr in meiner Pension. Die Hochsaison hat bereits begonnen[4], und für eine Zimmerreservierung[5] ist es schon zu spät.

In Corvara gibt es dieses Jahr ein neues Hotel, wo noch viele Zimmer frei sind. Wenn Sie einverstanden sind, rufe ich die Hoteldirektion an und reserviere für Sie ein Einzelzimmer mit Bad. Das neue Hotel heißt "Marmolada"[6]; es ist nicht weit weg[7] von meiner Pension und auch dort sind die Preise sehr günstig[8].

Ich erwarte Ihre Bestätigung.

Mit freundlichen Grüßen

Ivo Sassongher

---

[1] ich erwarte Ihre Bestätigung   [2] unübersetzt   [3] es tut mir leid, aber vom 15. 7. bis ...
[4] wir sind schon in (der) Hochsaison   [5] um ein Zimmer zu reservieren   [6] der Name des Hotels ist   [7] es ist in der Nähe meiner Pension   [8] gut

Lezione sesta   45

Lezione settima

1a Schreib- und Ausspracheregeln

> Aus Lektion 6, 1c, S. 39 ist Ihnen schon bekannt, daß „s" stimmlos, wie in sinistra, und stimmhaft, wie in scusare, ausgesprochen werden kann.
>
> Auch „z" kann stimmlos oder stimmhaft sein. Das stimmlose „z" (in der internationalen Lautschrift mit [ts] umschrieben), wird wie das deutsche „z" ausgesprochen. Hier einige Beispiele: ⚬⚬ lezione, agenzia, Firenze, piazzale, ecc.
>
> Stimmhaftes „z" (in der internationalen Lautschrift mit [dz] wiedergegeben) finden Sie dagegen in Wörtern wie: ⚬⚬ zeta, zero, magazzino, mezzo, etc.
>
> Zwischen zwei Vokalen wird „z" immer verdoppelt ausgesprochen – [-ddz-] bzw. [-tts-] –, unabhängig davon, ob das betreffende Wort mit „z" oder „zz" geschrieben wird. Hören Sie sich die folgenden Beispiele vom Band an und achten Sie besonders auf die Aussprache von „z" bzw. „zz": ⚬⚬ lezione [-tts-], mazurca [-ddz-], disposizione [-tts-], gentilezza [-ddz-], informazione [-tts-], mezzo [-ddz-].
>
> Für die Verwendung von stimmhaftem bzw. stimmlosem „z" gibt es keine festen Regeln. Stimmhaftes „z" kommt weniger häufig vor als stimmloses. Von jetzt an wird im Arbeitsbuch auf Wörter, die mit stimmhaftem „z" ausgesprochen werden, gesondert hingewiesen. Von den Wörtern, die Sie bisher gelernt haben, werden nur die folgenden mit stimmhaftem „z" gesprochen: zeta (Name des Buchstaben z), zero, Zara (italienischer Name der dalmatischen Stadt Zadar, früher zur Republik Venedig gehörend), magazzino, mezzo (und daher auch mezzogiorno), Gazzettino (Name einiger italienischer Zeitungen, wie z. B. Gazzettino di Venezia, Gazzetta dello Sport usw.).

1b Sie hören nun 10 Sätze, in denen jeweils ein Wort mit „z" oder „zz" vorkommt. Schreiben Sie bitte diese Wörter aus: ⚬⚬

1. _____ 2. _____ 3. _____ 4. _____ 5. _____
6. _____ 7. _____ 8. _____ 9. _____ 10. _____

1c Nun hören Sie 10 Wörter, von denen einige mit einfachem „z" und andere mit „zz" geschrieben werden. Kreuzen Sie die entsprechende Schreibweise an:

	1	2	3	4	5	6	7	8	9	10
z										
zz										

1d Diktat

Alcuni _medici_ stranieri, a Torino per un congresso _internazionale_ desiderano fare una breve _gita_. Hanno solo alcuni _giorni_ a _disposizione_ e _chiedono_ all' impiegata dell' _agenzia_ turistica se è _possibile_ visitare Roma in tre giorni. L'impiegata _consiglia_ ai medici di fare una gita ai _laghi_ della Lombardia o di andare in pullmann _fino_ ai piedi del Monte Bianco.

2a

INVITO A TODI PER LA X MOSTRA INTERNAZIONALE DELL'ANTIQUARIATO

Il fascino delle antiche cose

Anche quest'anno la città di Todi invita i turisti stranieri e italiani a visitare la sua eccezionale mostra dell'antiquariato. È un invito interessante non solo per chi ama il fascino delle cose antiche, ma anche per chi desidera visitare questa bellissima città dell'Umbria. (La Repubblica, 31 marzo 1978)

La mostra dura dal 20 marzo al 20 aprile.

Lezione settima 47

Informazioni per chi desidera andare a Todi

Per chi arriva da Roma in macchina il viaggio dura un'ora e mezzo. È possibile prendere l'Autostrada del Sole fino a Orte e poi la Superstrada E/7 che passa per Sangemini e Acquasparta. Per chi arriva da Firenze consigliamo l'Autostrada del Sole fino a Orvieto e di prendere poi la nuova strada 448 che passa vicino al Lago di Corbara e alla Val Tiberina.

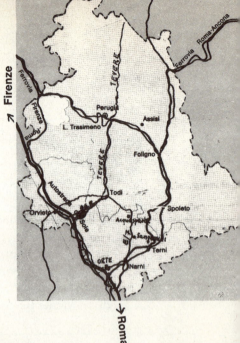

Alberghi e ristoranti a Todi

Consigliamo due alberghi: lo *Zodiaco** (telefono 075/882625) e il *Cavour* (telefono 075/882417). La camera singola con bagno costa dalle 7.500 alle 8.000 lire e la doppia dalle 11.500 alle 12.000. Per chi ama la natura e i luoghi tranquilli consigliamo l'*Hotel dei Pini,* a 15 chilometri da Todi (telefono 0742/98122).

---

* Betonung auf dem i: Zodiaco. Das z ist hier stimmhaft.

Chi ama la cucina umbra trova a Todi alcuni buoni ristoranti; consigliamo il ristorante *Umbria* per gli «Spaghetti alla boscaiola» e le «Fettuccine alla todina» e il *Forchettone* che offre «Cotolette alla todina» e «Polli alla cacciatora». Buoni anche il *Tevere*, il *Jacopone* e il *Lucaroni*. I prezzi sono eccezionali: 5.000 lire per un pasto normale.

2b Richtig oder falsch?

	vero	falso
a. Ogni anno a Todi c'è la mostra dell'antiquariato.	○	○
b. La mostra dell'antiquariato c'è solo quest'anno.	○	○
c. Todi è una città dell'Umbria.	○	○
d. Il viaggio da Roma a Todi dura molte ore.	○	○
e. Non è possibile arrivare a Todi in macchina.	○	○
f. L'Autostrada del Sole passa per Todi.	○	○
g. A Todi ci son alcuni buoni ristoranti.	○	○
h. I ristoranti non sono molto cari.	○	○

2c Beantworten Sie die Fragen:

a. Che cosa c'è a Todi dal 20 marzo al 20 aprile?
b. In quale regione è Todi?
c. Che cos'è una mostra dell'antiquariato?
d. Quanto tempo dura il viaggio in macchina da Roma?
e. Qual è il nome dell'autostrada che va da Firenze a Roma?
f. Quanto costa una camera singola con bagno in un albergo di Todi?
g. Quanto costa un pasto normale in un ristorante?

3 Stellen Sie Fragen nach dem Muster: ⚬⚬

> I medici vanno in un'agenzia viaggi. (dove)
> – Dove vanno i medici?

a. I medici entrano in un'agenzia viaggi. (dove)
b. Chiedono delle informazioni. (che cosa)
c. Chiedono delle informazioni all'impiegata. (a chi)
d. Hanno bisogno di alcune informazioni. (di che cosa)
e. Sono a Torino per un congresso. (perché)
f. Hanno tre giorni liberi a disposizione. (quanto tempo)
g. Desiderano fare una breve gita. (che cosa)
h. I medici belgi invece preferiscono andare a Roma. (chi)

Lezione settima 49

4   Setzen Sie die richtigen Endungen ein:

a. Siamo un gruppo di giornalisti stranieri, qui a Torino per un congresso internazionale. b. Abbiamo bisogno di alcune informazioni. c. I miei colleghi ed io abbiamo tre giorni a disposizione e desideriamo fare una breve gita. d. Ci sono dei luoghi tranquilli non troppo lontani da T.? e. A non molti chilometri da T. ci sono dei luoghi turistici di grande interesse. f. Ci sono i laghi di Avigliana o le Alpi Piemontesi. g. Ci sono anche molte piccole città di grande interesse artistico. h. Ai turisti stranieri consigliamo di solito un giro da T. ad Aosta e da Aosta fino a Courmayeur, ai piedi del Monte Bianco.

5   Bilden Sie aus den angegebenen Elementen Sätze. *(di* oder *del)*

	di	alcune informazioni
		medico
		molti soldi
		passaporto per andare in Svizzera
Ho bisogno		portiere
	del	questa guida della città
		una camera singola
		un paio di scarpe

6a   Ausdrücke mit Präpositionen

a	**di**
andare **a** piedi, **a** destra/**a** sinistra; camera **a** un letto/**a** due letti; **a** che ora?; **a** mezzogiorno; la pensione costa 6.000 lire **al** giorno e **a** persona; la camera è **al** primo (**al** secondo, **al** terzo …) piano; un thè **al** limone (**al** latte); ho tre giorni **a** disposizione; l'albergo è **a** 15 chilometri da Todi (15 Km. von T. entfernt); vestiti **a** prezzi eccezionali; scarpe **all'**ultima moda, arrivederci **a** domenica.	un vestito **di** lana; un pacchetto **di** HB; la città **di** Todi; i grandi magazzini **di** Milano; una borsetta **di** moda; scarpe **di** linea nuova; targhe **di** tutto il mondo; ho bisogno **di** alcune informazioni; che cosa c'è **di** nuovo (**di** interessante, **di** bello …) sul giornale?; vorrei **del** burro; grazie **delle** informazioni.

di + il = dell

50   Lezione settima

Achten Sie außerdem auf: telefonare **al** portiere, chiedere un'informazione **al** portiere.	
in **in** questa stagione; **in** alta stagione; andare **in** centro/**in** città/**in** giro/ **in** macchina/**in** aereo/**in** Piazza San Marco; fare una gita **in** gruppo; fare colazione **in** camera; **in** aereo si arriva **in** tre quarti d'ora; **in** tre giorni è possibile visitare la città.	**per** prendiamo il vaporetto **per** Piazza San Marco, il pullmann **per** Aosta; la strada passa **per** Sangemini; andare in giro **per** la città (**per** Milano); vado a Roma **per** una settimana/**per** tre giorni; **per** quando desidera prenotare la camera?
da serviamo la colazione **dalle** sette in poi; prenoto la camera **dal** 5 al 9 ottobre; la mostra dura **dal** 20 marzo al 20 aprile; la camera costa **dalle** 7.500 alle 8.000 lire; **da** Torino ad Aosta ci sono 100 chilometri; **da** qui si vede il Monte Bianco; l'albergo è a 15 chilometri **da** Todi.	**con** una camera **con** bagno; vado a Roma **con** Guido; la giacca sta bene **con** i jeans. **su** Venezia è costruita **su** piccole isole; una camera con vista **sul** mare; salire **sul** Vesuvio; che cosa c'è **sul** giornale?
senza G. è elegante **senza** spendere tanti soldi; una camera **senza** prenotazione.	**fino a** Da Aosta **fino ai** piedi del Monte Bianco; si prende l'autostrada **fino a** Orte.
vicino a – lontano da L'albergo è **vicino alla** Fiera. L'albergo è **lontano dal** mare.	**incontro a** Noi andiamo sempre **incontro ai** desideri degli ospiti.

6b Bitte übersetzen Sie:

a. Die Vollpension in diesem Hotel kostet 10.000 Lire pro Tag und Person. b. Man kann auch im Zimmer frühstücken. (Es ist auch möglich, im Zimmer zu frühstücken.) c. Wenn man im Zimmer zu frühstücken wünscht, ruft man den Portier an. d. Das Hotel ist in der Nähe des Reisebüros und

Lezione settima 51

100 Meter vom See entfernt. e. Das Stadtzentrum ist auch nicht weit weg von hier. f. In der Hochsaison sind hier viele Touristen aus der ganzen Welt. g. Sie machen alle in einer Gruppe eine Stadtrundfahrt mit dem Bus. h. Von hier aus ist es möglich, einen kurzen Ausflug nach Todi zu machen. i. Wir nehmen die Autobahn bis nach Orte und dann fahren wir die Straße, die über Sangemini führt. l. Mit dem Reisebus kommt man in Todi in einer Stunde an.

6c Setzen Sie die passende Präpositionsform (entweder nur *a* oder *a + Artikel*) ein:

a. Andiamo ___al___ bar? b. Volentieri. Andiamo ___a___ piedi? c. Sì, è meglio; il bar è ___a___ 100 metri da qui. d. Ma dov'è? È qui ___a___ destra o ___a___ sinistra? e. È proprio qui ___all___ angolo, vicino ___all'___ agenzia viaggi. f. Ecco, entriamo! Io prendo un thè ___al___ limone, e Lei? g. Anch'io, grazie! ___A___ che ora arrivano i colleghi tedeschi? h. ___a___ mezzogiorno, forse. Ma è meglio chiedere ___alla___ signorina dell'agenzia viaggi quando arriva l'aereo da Berlino. i. Allora abbiamo ancora due ore ___a___ disposizione. Che albergo consiglia ___ai___ colleghi tedeschi? l. Per me l'albergo migliore è l'Hotel Ambasciatori che è vicino ___alla___ Fiera. m. Bene, allora telefoniamo ___al___ portiere e prenotiamo le camere.

7 Stellen Sie Fragen mit *dove, di dove, da dove* … ○○

> Il congresso internazionale è a Torino.
> − Dov'è il congresso internazionale?

a. I medici entrano in un'agenzia turistica.
b. I medici belgi desiderano andare ad Aosta.
c. Questi turisti arrivano dalla Svizzera.
d. Questo pullmann va fino ai piedi del Monte Bianco.
e. L'Autostrada del Sole passa per Orvieto.
f. Graziella e Guido vanno a Todi.
g. I Mancuso sono di Napoli.
h. Giulietta telefona da Venezia.

8 Übersetzen Sie bitte:

– Dieter, wo wollen wir nächste Woche hinfahren?[1]
– Wieso hinfahren?[2] Bist du denn[3] nicht zufrieden mit all den Dingen hier in Florenz?
– Ja schon[4], aber ich möchte auch mal eine Rundfahrt durch die Toskana machen. Wer weiß, wann wir das nächste Mal hierher kommen![5]
– Na gut, aber wo wollen wir hin?
– Ich möchte einige andere toskanische[6] Städte sehen, wie z.B. Siena, San Gimignano, Arezzo und ich möchte auch nach Umbrien.
– Wir haben aber nur zwei Wochen zur Verfügung. Das[7] ist nicht viel!
– In einer Woche ist es wohl[8] möglich, eine Fahrt durch die Toskana zu machen.
– Gut, dann gehen wir zum Reisebüro und erkundigen uns, ja?[9]

---

[1] die nächste Woche gehen   [2] gehen wohin?   [3] vielleicht   [4] ja, ja   [5] wann wir zurückkehren hier das nächste Mal   [6] der Toskana   [7] unübersetzt   [8] unübersetzt   [9] und bitten um Auskünfte, einverstanden?

Lezione settima   53

Lezione ottava 8

1a Schreib- und Ausspracheregeln

> Der [ʃ]-Laut ist Ihnen bereits aus der 4. Lektion bekannt, in der auf die Buchstabenkombinationen „scia" bzw. „schia" (lo **scia**lle – la casa **Schia**ppino) hingewiesen wurde (vgl. IV, 1a).
>
> In der Schrift wird der [ʃ]-Laut durch die Buchstabenkombinationen „sci" oder „sce" wiedergegeben: na**sci**ta, capi**sci** (du verstehst) bzw. le brio**sce**, capi**sce** (er versteht). [ʃ] vor a, o, u wird immer „sci" geschrieben, wobei das i nicht gesprochen wird: la**scia**re, **scio**cchezze, pasta a**sci**utta.
>
> Vergleichen Sie folgende Orts- bzw. Familiennamen:
>
> Scilla (Calabria) – Schillaci (cognome)
>
> Scerni (Abruzzo) – Scheggia (Umbria)
>
> Scandicci (Toscana) – Sciacca (Sicilia) – Schiavi (cognome)
>
> Scorzè (Veneto) – Sciolla (cognome) – Schio (Veneto)
>
> Scurano (Emilia) – Sciuti (cognome) – Schiumoni (cognome)

1b Hören Sie zunächst die folgenden Ortsnamen (die jeweiligen Regionen sind in Klammern angegeben) und lesen Sie dann laut: ∞

Pescara (Abruzzo), Pescia (Toscana), Peschiera del Garda (Veneto), Oschiri (Sardegna), Moschiano (Campania), Mosciano Sant'Angelo (Abruzzi), Moschetta di Locri (Calabria), Ascoli Piceno (Marche), Brescia (Lombardia), Marsciano (Umbria), Casciano (Toscana), Cascinagrossa (Piemonte).

1c Sie hören 10 Sätze, in denen jeweils ein Wort entweder mit [tʃ]-Laut (wie invece) oder mit [dʒ]-Laut (wie agenzia) oder mit [ʃ]-Laut (wie scialle) vorkommt. Schreiben Sie diese Wörter aus: ∞

a. _____ b. _____ c. _____ d. _____ e. _____

f. _____ g. _____ h. _____ i. _____ l. _____

54 Lezione ottava

1d Diktat

Quando la ___scuola___ finisce tutti vanno in vacanza. Anche Maria, Lucio[1] e Guglielmo fanno ___già___ i progetti per le ___loro___ vacanze. Maria ___vuole___ andare in ___campeggio___ in montagna e anche Lucio ___è___ d'accordo. Guglielmo ___invece___ vorrebbe andare all'estero con suo fratello ed i ___loro___ genitori. È molto contento _____ è il suo primo _____ all'estero.

Portofino, la perla della Riviera

2a Nicoletta e Adele vogliono andare in vacanza

– Adele, che progetti hai per le prossime vacanze?
– Io quest'anno non ho proprio idea dove andare. Vorrei fare delle vacanze interessanti, ma che cosa si può fare?
– Io sì che ho una bell'idea!
– Tu hai sempre delle belle idee ..., ma io non ho soldi.
– Ma no! Non dire sciocchezze! Per il mio progetto non è necessario avere molti soldi.
– Allora, sentiamo!

---

[1] Man sagt Marìa aber Mario. Vergleichen Sie auch Lucia und Lùcio.

Lezione ottava 55

– Quest'anno mio fratello Luca va in Germania con un suo amico e lascia la tenda a casa. Perché non andiamo insieme in campeggio?

In campeggio? Per me è una cosa così nuova … E dove si può andare.

Dobbiamo cercare un posto non troppo lontano da Milano, se non vogliamo spendere molti soldi per il viaggio. E poi con la mia macchina non possiamo fare tanti chilometri!

Bene, allora andiamo al mare, in Riviera! Sei d'accordo?

– Per me va benissimo.

2b Richtig oder falsch?

	vero	falso
a. Per le prossime vacanze Adele ha già molti progetti.	○	○
b. Adele vorrebbe fare delle vacanze interessanti.	○	○
c. Nicoletta ha già un progetto per le prossime vacanze.	○	○
d. Per il progetto di Nicoletta è necessario avere molti soldi.	○	○
e. Le vacanze in campeggio non costano tanto come in albergo.	○	○
f. Nicoletta ha una tenda a disposizione.	○	○
g. Anche il fratello di Nicoletta va in campeggio quest'anno.	○	○
h. Nicoletta ha una macchina grande, nuova e veloce.	○	○

2c Beantworten Sie die Fragen:

a. Che progetti ha Adele per le prossime vacanze?

b. Nicoletta ha già un'idea dove andare in vacanza?

c. Come mai Nicoletta ha una tenda a disposizione?

d. Perché il campeggio non deve essere lontano da Milano?

e. Adele è d'accordo di andare in campeggio?

f. Adele e Nicoletta vogliono andare al mare o in montagna?

g. Perché Adele e Nicoletta non vanno in Calabria?

3 Hören Sie sich den Text vom Band an und ergänzen Sie die fehlenden Buchstaben: ⟲

E___ ___o la ma___ ___ ___ ___na e la ___en___a di Nicoletta. Lei è molto ___ ___ ___ten___ ___ d___lla sua ma___ ___ ___ ___na, an___ ___e se non pu___ pi___ fare d___i via___ ___i molto lun___ ___ ___, per___ ___ ___ è ___ià v___ ___ ___ ___i___ .

La ___en___a è molto prati___ ___ ___, an___ ___ ___ ___ se è sol___ per du___ person___. Non è diff___ ___ ___le montare[1] ___ ___ ___sto mode___ ___ ___o

56   Lezione ottava

di ___en___a. Nicoletta, an___ ___ ___ d___ sol___, pu___ montare la ___en___a in un ___ ___ ___rto d'ora.

4 Stellen Sie Fragen nach dem Muster: ○○

io – vestito	lui – macchina
– Dov'è il mio vestito?	– Dov'è la sua macchina?

a. tu – scarpe e. voi – tenda i. i Mancuso – casa
b. lui – amici f. Lei – stanza l. Fulvia e Paolo – ospiti
c. noi – bagagli g. lui – colleghe m. io – giornali
d. lei – passaporto h. Lei – colleghi n. lei – sigarette

5 Stellen Sie Fragen nach dem Muster: ○○

tu – fratello
– Dove va in vacanza tuo fratello?
voi – sorelle
– Dove vanno in vacanza le vostre sorelle?

a. tu – genitori e. Maria e Paolo – fratello i. Maria e Paolo – zie
b. voi – zio[1] f. Maria e Paolo – zii l. Lei – madre
c. lui – sorella g. Lei – marito m. Lei – mamma
d. voi – bambini h. tu – moglie n. tu – sorellina

6 Vervollständigen Sie mit *mio, mia, tuo, suo* usw.:

Oggi la signora Rossi è libera perché _____ marito è a Roma per affari, _____ figli sono in vacanza con _____ amici e Lucia, _____ figlia, è con _____ nonni al mare. La signora Rossi telefona a _____ amica Teresa:
– Ciao, Teresa! Come sta _____ famiglia?
– Tutti bene, grazie! E voi come state?

---

[1] montare = aufstellen
[2] Bei „lo zio" – und analog dazu „la zia" und „gli zii" – müßte das „z" stimmlos ausgesprochen werden. Die stimmhafte Aussprache hat sich aber in letzter Zeit, wohl unter dem Einfluß des Norditalienischen, immer mehr durchgesetzt. Das gilt sogar für viele Gegenden der Toskana und Umbrien, deren Sprachnorm der italienischen Bühnenaussprache zugrundeliegt.

– Io sono a casa da sola.

– Come mai?

– _____ (Führen Sie die Erzählung von Frau Rossi weiter)

7 Übersetzen Sie bitte:

a. Diese Woche geht die Schule zu Ende. b. Mein Bruder und ich fahren ans Meer. c. Dieses Jahr haben wir das ganze Haus meiner Eltern zur Verfügung. d. Mein Vater und meine Mutter fahren dieses Jahr nach Sizilien mit ihrer Freundin aus Neapel. e. Meine Schwester fährt heuer ins Gebirge, so ist auch ihr Zimmer frei. f. Wir haben viel Platz! Wenn du willst, kannst du auch mitkommen!

8a

> Achten Sie auf die vom Deutschen abweichende italienische Satzkonstruktion:
>
> Das Zimmer **muß** groß und ruhig **sein.**
>
> La camera **deve essere** grande e tranquilla.

8b Übersetzen Sie:

a. Herr Rossi muß sehr beschäftigt sein.

b. Ein Zimmer im Hotel „Ambasciatori" kann sehr teuer sein.

c. Ich muß morgen in Rom sein.

d. Dies kann nicht Ihr erster Besuch in Venedig sein.

e. Der Urlaub an der See muß sehr schön sein.

f. Helga fährt jedes Jahr nach Italien; ihr Italienisch muß sehr gut sein.

g. Dieses Hotel kann nicht zu teuer sein.

h. Frau und Herr Rossi müssen jetzt in Venedig sein.

9 Setzen Sie *al, con, da, di, in, per* je nach dem Sinn ein:

– Quest'anno vorrei andare ___*in*___ vacanza ___*in*___ montagna, ma non voglio abitare _____ un albergo.

– E dove allora?

– Perché non andiamo _____ campeggio? Anche gli amici ___*di*___ mio fratello vanno _____ campeggio _____ mare.

– _____ soli o _____ i loro genitori?

– _____ un altro gruppo di amici. Partono _____ due tende e ogni tenda è _____ quattro persone.

58   Lezione ottava

10 Präsens Indikativ – Zusammenfassende Darstellung:

entrare	vedere	partire	/ capire	essere	avere
entro	vedo	parto	/ capisco	sono	ho
entri	vedi	parti	/ capisci	sei	hai
entra	vede	parte	/ capisce	è	ha
entriamo	vediamo	partiamo	/ capiamo	siamo	abbiamo
entrate	vedete	partite	/ capite	siete	avete
entrano	vedono	partono	/ capiscono	sono	hanno

Die Verben auf **-iare**, wie z. B. rispar**miare**, las**ciare**, viag**giare**, usw., werden in der 2. Person Singular und der ersten Person Plural nur mit einem **i** geschrieben: risparm**i** – risparm**iamo**, lasc**i** – lasc**iamo**, viagg**i** – viagg**iamo**.

Achten Sie außerdem auf die Schreibung und Aussprache der Verben auf **-care**, wie z. B. cercare: cerco, cer**chi**, cerca, cer**chi**amo, cercate, cercano. Dies gilt übrigens auch für die Verben auf **-gare**, wie z. B. pagare (= bezahlen): pa**ghi**, pa**ghi**amo.

11 Ihre italienische Freundin hat Sie nach Italien eingeladen. Schreiben Sie ihr folgendes:

Liebe Giuliana,
vielen Dank für Deine[1] schöne Ansichtskarte aus Mola di Bari und für Deine Einladung. Schon morgen würde ich nach Italien fahren[2], aber wie soll ich das schaffen[3]? Nächste Woche fahren meine Eltern in Urlaub, und ich kann meine beiden kleinen Brüder nicht allein lassen. Jetzt ist es schon zu spät, um neue Pläne für den Urlaub zu machen, da meine Eltern ihr Hotelzimmer in Rapallo schon gebucht haben[4]. Es tut mir leid, aber es ist nun mal so[5]! Wer weiß, vielleicht ergibt sich später noch eine Gelegenheit für mich, nach Italien zu fahren[6]!
Herzliche Grüße und nochmals[7] vielen Dank.

---

[1] wird im Italienischen kleingeschrieben [2] würde ich fahren = ich möchte kommen [3] wie kann ich machen? [4] weil meine Eltern haben schon gebucht (hanno già prenotato) ihr Zimmer in einem Hotel von Rapallo [5] es ist gerade so [6] vielleicht gibt es eine andere Gelegenheit für mich zu kommen nach Italien später [7] noch ein Mal

Lezione ottava

Lezione nona   9

1a Schreib- und Ausspracheregeln

> Unterscheiden Sie **che/chi** von **que/qui:**
>
> **Che** cosa – **que**sto **chi** (wer) – **qui** (hier)
>
> **Qu** kann vor **a, e, i, o** vorkommen:
>
> **qua**ndo, **que**llo, **qui**ndici, **quo**ta (= Quote). Im Italienischen wird in dieser Buchstabenverbindung das „u" sehr deutlich als „u" gesprochen, wohingegen es im Deutschen eher wie „w" klingt. Vergleichen Sie: „**que**lle scarpe" (jene Schuhe) und „die **Que**lle."

1b Lesen Sie die Ortsnamen laut (Provinzstädte in Klammern): ○○

Arquà Petrarca (Padova) – Quacchio (Ferrara) – Quota di Poppi (Arezzo) – Cuorgnè (Torino) – Quisisana (Napoli) – Squinzano (Lecce) – L'Aquila – Montecchio Maggiore (Vicenza) – Querceto (Firenze) – Cerqueto (Perugia).

1c „qu" oder „ch"? Kreuzen Sie bei den folgenden zehn Wörtern, die Sie vom Band hören, die richtige Schreibweise an: ○○

	1	2	3	4	5	6	7	8	9	10
qu										
ch										

1d Diktat ○○

Il signor Caputo _____ all' impiegata della biglietteria _____ informazioni:

– A _____ ora parte il primo treno per Milano?

– C'è un rapido _____ parte alle nove e _____ e poi c'è un espresso alle dieci e _____ .

– Grazie, signorina! Scusi, ho _____ anche di un _____ per le _____ . A _____ posso _____ ?

– Al binario numero _____ ci sono molti _____ .

60   Lezione nona

Risparmiate tempo: viaggiate di notte in vettura-letti.

Chiedete tutte le informazioni necessarie agli impiegati delle biglietterie o alle agenzie di viaggio.

Per turismo o per affari le vetture TEN portano i viaggiatori comodamente, velocemente e di notte in tutte le città d'Europa. Se partite la sera tardi e arrivate la mattina presto, risparmiate un giorno di viaggio. Le vetture TEN offrono ai viaggiatori l'ospitalità di un albergo di prima categoria: letti comodi in cabine a uno, due o tre posti; un ottimo servizio: dal drink della buonanotte alla colazione del buongiorno. E se volete, potete anche fare una bella doccia. *TEN Trans Euro Notte*

b Richtig oder falsch?

	vero	falso
a. Le vetture TEN sono vetture-letti.	○	○
b. Le vetture TEN sono riservate solo ai turisti.	○	○
c. I treni con vetture TEN viaggiano solo in Italia.	○	○
d. Se si viaggia di notte, si risparmia tempo.	○	○
e. Le vetture TEN hanno anche cabine singole.	○	○
f. Ci sono anche delle cabine per dieci persone.	○	○
g. In cabina c'è anche la doccia.	○	○
h. I treni con vetture TEN hanno anche servizio di bar.	○	○

c Beantworten Sie die Fragen:

a. Le vetture TEN viaggiano di giorno o di notte?
b. Viaggiano solo in Italia o anche all'estero?
c. Come sono i letti in queste vetture?
d. Quanti posti possono avere le cabine?
e. Si può fare colazione in questi treni?
f. È possibile fare la doccia?

Lezione nona

g. A chi si può chiedere per prenotare un posto-letto?

h. Per avere informazioni sull'orario a chi si deve chiedere?

3 Treni da Roma a Venezia

ROMA Termini	p.	4.42	7.25	13.16	23.40	0.40
VENEZIA Santa Lucia	a.	12.32	14.01	19.02	7.26	8.13

Bilden Sie Sätze nach dem Muster:

Se parti da Roma alle quattro e quarantadue arrivi a Venezia alle dodici e trentadue.

Variante: Se parti da Roma con il treno delle quattro e quarantadue ...

4 Beantworten sie folgende Fragen:

A che ora fa colazione la famiglia di Maria?	7.30	La famiglia di Maria fa colazione alle sette e mezza.
A che ora va a scuola Maria?	8.00	
A che ora va in ufficio suo padre?	8.30	
A che ora finisce la scuola?	13.00	
A che ora ritorna a casa Maria?	13.30	
A che ora guarda la televisione Maria?	18.15	
A che ora va a letto Maria?	21.45	
A che ora vanno a letto i suoi genitori	23.00	
E Lei, a che ora va a letto di solito?	?	

5 Übersetzen Sie bitte:

   a. Entschuldigen Sie, wann gibt es morgen einen Zug nach Portofino an der Riviera?

   b. Bis nach Portofino gibt es keine Züge.

   c. Sie können aber von Mailand aus den 8.00-Uhr-Zug nehmen.

   d. Sie kommen in Genua um 10.10 Uhr an.

   e. Hier müssen Sie umsteigen und den 10.30-Zug nach Santa Margherita Ligure nehmen.

   f. Portofino ist 10 Kilometer von Santa Margherita Ligure (entfernt).

   g. Die Fahrt mit dem Autobus dauert nur eine Viertelstunde.

   h. Vom Bahnhof aus gibt es immer Busse nach Portofino.

6a Ausdrücke mit Präpostitionen

in	**a**
Vado a Milano **in** treno (wie bei allen Fortbewegungsmitteln: **in** macchina, **in** aereo ...)	Bei Uhrzeitangaben gebraucht man: **alle** otto (um 8 Uhr), **alle** dieci, **all'**una usw.
Handelt es sich aber um einen bestimmten Zug: Vado a Milano **con** il treno delle otto (**con** la macchina di mio fratello, **con** un aereo della Lufthansa).	Vergleichen Sie: L'espresso per Milano parte **alle dieci e dieci** (fährt um 10.10 ab). L'espresso **delle 10.10** parte da questo binario (Der 10.10.-Zug fährt auf diesem Gleis ab).
Außerdem: il treno è **in arrivo/in partenza/in ritardo.**	
per	**da**
Partire verlangt vor Ortsangaben immer die Präposition **per:** parto **per** Roma, **per** l'Italia, **per** la Germania.	Il treno arriva **da** Milano. Il treno è in partenza **dal** sesto binario (aber: è in arrivo **sul** sesto binario).
(Vgl. Lehrbuch L 3, § H, S. 26).	**Da** quale binario parte il treno per Milano? **Dal** binario numero dieci.
Außerdem: un biglietto/il treno/ l'aereo **per** Milano.	
Vergleichen Sie: Dov'è il treno che **va a** Milano? A che ora **parte** il treno **per** Milano? Ecco **il treno per** Milano.	Vergleichen Sie: Il treno **da** Milano-Bologna-Firenze. Il treno **per** Napoli.

6b Lesen Sie die Fahrplantafel wie folgt:

L'Espesso per Torino delle sedici e ventinove parte dal binario numero 3.

6c Setzen Sie die fehlende Präposition ein:

Se siete già stati _____ Riviera, ma non ancora _____ Portofino, non dovete perdere la prossima occasione _____ visitare questo bellissimo posto. Se volete fare il viaggio _____ macchina potete prendere l'autostrada fino _____ Rapallo. Portofino è _____ 25 Km. _____ Rapallo. Se invece volete andare _____ treno, dovete cambiare _____ Santa Margherita Ligure e prendere l'autobus _____ Portofino.

7 Beantworten Sie die Fragen nach dem Muster: ꞯꞲ

> Volete comprare il «Corriere della Sera»? («La Repubblica»)
> – No, perché abbiamo già comprato «La Repubblica».

a. Volete prenotare all'Hotel Italia? (all'Hotel Roma)
b. Vuoi invitare i Rossi? (i Mancuso)
c. Vuoi telefonare a Carla? (a suo marito)
d. Volete prendere un caffè? (un cappuccino)
e. Vuoi bere un'aranciata? (un aperitivo)
f. Vuoi comprare un vestito? (una gonna)

8 Vervollständigen Sie die Sätze mit den Vergangenheitsformen:

a. L'anno scorso Maria e Lucio (essere) in Sicilia. *sono stati*
b. (passare) le loro vacanze su quest'isola. _____
c. (fare) un giro per tutta l'isola. _____

d. (visitare) le città più importanti. _____

e. (andare) anche a Siracusa. _____

f. A Trapani (salire) sul Monte Erice. _____

g. Da Catania (fare) una gita fino a Taormina. _____

h. Da qui (salire) sull'Etna. _____

i. Il viaggio in pullmann (durare)[1] un 'ora. _____

l. (essere) anche alle Isole Eolie per due giorni. _____

m. (ritornare) dalla Sicilia alcuni giorni fa. _____

Stromboli

Isola Filicudi

Isola Panarea

Isola Salina

MAR TIRRENO

Isola Alicudi

Isola Lipari

Isola Vulcano

Milazzo

PALERMO

Messina

Monte Erice

Taormina

Etna

Enna

Catania

Caltanissetta

Agrigento

MARE IONIO

Siracus

Ragusa

---

[1] Im Italienischen heißt es „ist gedauert" (nicht „hat gedauert")

Lezione nona   65

9 Bitte übersetzen Sie:

– Guten Tag! Meine Frau und ich möchten[1] nach Neapel fahren. Welche Zugverbindungen[2] gibt es von Mailand aus?
– Möchten[3] Sie tagsüber oder in der Nacht[4] fahren[5]?
– Nachts, wenn's geht[6].
– Sie können auch im Schlafwagen fahren[5], wenn Sie wollen[7].
– Ja, das ist eine gute Idee …, aber ist es nicht zu teuer?
– Nein, wenn Sie ein Abteil[8] für 2 Personen nehmen, kosten die Betten 20.000 Lire und die Fahrkarten 12.900 pro Person. Es sind 45.800 Lire insgesamt[9]. Wenn Sie erster Klasse fahren[10], müssen Sie für 2 Fahrkarten und 2 Zuschläge für IC-Züge[11] 58.800 Lire ausgeben.
– Gut, dann fahren wir nachts im Schlafwagen. Damit[12] sparen wir Geld und Zeit. Und wann können wir abfahren?
– Wenn Sie um 22.20 abfahren, kommen Sie in Neapel um 8.48 Uhr an. Oder möchten Sie lieber[13] einen späteren[14] Zug?
– Nein, nein! Der 22.20-Zug[15] ist[16] sehr gut, danke!
– Soll[17] ich dann ein Abteil für 2 Personen reservieren?
– Ja, bitte[18]!
– Und für welchen Tag?
– Für morgen.

---

[1] wir wollen   [2] Züge   [3] wollen Sie   [4] nachts   [5] reisen   [6] wenn es möglich ist   [7] wenn Sie wollen, können Sie …   [8] Kabine   [9] in tutto   [10] in einem Wagen erster Klasse   [11] per treni rapidi   [12] so   [13] vorziehen   [14] einen Zug später   [15] der Zug von 22.20   [16] geht   [17] muß ich   [18] Ja, danke!

66   Lezione nona

Lezione decima   10

1a Betonung und Intonation

Hören Sie den folgenden Text vom Band und lesen Sie still mit. Die fettgedruckten Buchstaben tragen die Hauptbetonung im Satz und bestimmen die Satzmelodie. ⌒

Quest'anno Bianca e Vincenzo hanno passato le loro vacanze all'estero. I loro amici invece, Lucia e Giorgio, non sono andati all'estero, ma hanno trascorso alcune settimane al mare. Già alcuni mesi prima delle vacanze Bianca e Vincenzo hanno comprato una Fiat centotrentuno e con questa bella macchina hanno fatto un giro attraverso l'Austria, la Germania e la Svizzera. Hanno voluto visitare Vienna e Salisburgo e in Germania hanno girato tutta la costa. Lucia e Giorgio non sono mai stati in Austria e nemmeno in Germania. Con due bambine piccole non è possibile fare un viaggio così lungo.

1b Lesen Sie den Text laut und beachten Sie die fettgedruckten Buchstaben.

1c Hören Sie die folgenden Sätze an und unterstreichen Sie die beiden Silben, die stark betont werden. Zum Beispiel: ⌒

> Hanno suonato!

a. Apri tu la porta! b. Sono occupata in cucina. c. Guarda chi c'è! d. Venite avanti! e. Dove siete stati? f. Siamo andati all'estero. g. Con la vostra macchina? h. No, in aereo. i. Che cosa avete visto? l. La Germania e l'Austria.

1d Bei den folgenden Sätzen handelt es sich um Fragen oder um Befehle. Kennzeichnen Sie sie durch das Frage- oder Ausrufezeichen. ⌒

a. Apri tu la porta, per favore   e. Andate all'estero

b. Raccontate un po' dei vostri progetti   f. Giorgio, prendi le tazze

c. Andate in montagna   g. Rimanete ancora un po'

d. Comprate una macchina nuova   h. Lucia, prendi un caffè

1e Vom Tonband hören Sie nun sieben Satzpaare. Vergleichen Sie die Satzmelodie und kreuzen Sie „U" (uguale) an, wenn die Intonation bei beiden Sätzen gleich ist, bzw. „D" (diverso), wenn sie verschieden ist.
Beispiel:

| Venite avanti, prego | Perché non entrate | U | D̶ |

a. Dove avete passato le vacanze	Dove siete stati in vacanza	U	D
b. Racconta un po' delle tue vacanze	Perché non racconti delle tue vacanze	U	D
c. Abbiamo fatto un lungo viaggio	Abbiamo girato tutta la Germania	U	D
d. La Germania è veramente bella	È veramente bella la Germania	U	D
e. Siete stati anche a Berlino	Anche a Berlino siete stati	U	D
f. Berlino è molto interessante	Berlino è abbastanza interessante	U	D
g. Vi faccio un caffè	Vi faccio un buon espresso	U	D

Un ceramista abruzzese

2a Una visita inaspettata[1]

E Pronto, Olga! Sono Elisabeth!
O Elisabeth! Ma da dove telefoni?

68 Lezione decima

E Sono qui a Firenze da ieri[2] sera.

O Già ieri sera sei arrivata? Ma dove abiti?

E Ho trovato una camera all'albergo Garibaldi, vicino alla stazione.

O Ma sei qui in vacanza o per affari?

E Un po' per l'uno e un po' per l'altro.

O Non capisco ... racconta un po'!

E Diciamo che sono in Italia soprattutto[3] per affari, ma vorrei trovare anche il tempo per fare un po' di vacanza.

O Quanto tempo hai intenzione di restare a Firenze?

E Purtroppo solo pochi giorni ...

O Allora devi venire subito[4] a casa nostra. Ti aspettiamo per mezzogiorno. Va bene?

O D'accordo, volentieri.

... un po' più tardi

O Entra, Elisabeth! Giorgio non c'è ancora, ma deve arrivare da un momento all'altro. Ti offro intanto un aperitivo?

E Sì, grazie, molto volentieri.

O Allora, Elisabeth, come va a Monaco? Da alcuni mesi non abbiamo più sentito niente di voi. Come state?

E Abbastanza bene, Olga. Manfred ed io siamo occupatissimi con il negozio[5] che abbiamo aperto un anno fa.

O Gli affari vanno bene?

E Anche troppo! Non abbiamo mai venduto tanto come negli ultimi mesi. In tutta Monaco c'è solo il nostro negozio che vende ceramica[6] italiana. Proprio per questo sono ora in Italia.

O Vuoi ordinare della ceramica qui in Toscana?

E Non solo qui in Toscana. Sono venuta in Italia già una settimana fa e sono andata prima a Bassano, dove ho comprato della ceramica meravigliosa, e poi vorrei andare in Umbria. Da lì ho poi l'intenzione di andare anche in Sicilia.

O Bene, Elisabeth, allora beviamo ai tuoi affari! Cin Cin!

---

[1] unerwartet   [2] gestern   [3] vor allem   [4] sofort   [5] Geschäft   [6] Keramik

Lezione decima   69

Piccola guida alla ceramica italiana

La vera arte della ceramica – che solo pochi turisti conoscono – ha in alcune regioni italiane una lunga tradizione[1]. Nel Veneto, per esempio, è da sempre famosa[2] la ceramica di Bassano, Treviso, Vicenza ed Este. In Toscana e in Umbria troviamo un'antica scuola di ceramica a Firenze, Gubbio, Deruta, Assisi ed Orvieto. In Puglia, a Grottaglie, che è famosa con il nome «Il paese delle ceramiche», troviamo i «capasoni» e le «ciarle» che sono dei bellissimi vasi[3] di terracotta. La cultura siciliana trova nell'arte della ceramica una raffinatezza[4] eccezionale: qui famosi sono i centri di Caltagirone, Santo Stefano di Camastra, Sciacca, Palermo e Collesano.

2b Richtig oder falsch?   vero   falso

a. Elisabeth telefona a Olga da Monaco. ○ ○
b. Elisabeth è arrivata a Firenze da alcuni giorni. ○ ○
c. Elisabeth è in Italia solo per affari. ○ ○
d. A Firenze Elisabeth vuole rimanere una settimana. ○ ○
e. Elisabeth vuole aprire un negozio di ceramica a Monaco. ○ ○
f. A Monaco non c'è nemmeno un negozio di ceramica. ○ ○
g. Elisabeth è venuta in Italia per comprare della ceramica. ○ ○
h. Elisàbeth vorrebbe andare anche in Sicilia. ○ ○

[1] Tradition   [2] berühmt   [3] Vasen   [4] Erlesenheit

2c Beantworten Sie die Fragen:

    a. Dove ha trovato una camera Elisabeth?
    b. Come mai Elisabeth è a Firenze?
    c. Quanto tempo ha intenzione di rimanere a Firenze?
    d. Per che ora Olga invita Elisabeth?
    e. Che cosa offre Olga a Elisabeth?
    f. Perché Elisabeth e Manfred sono occupatissimi?
    g. Quanti negozi di ceramica italiana ci sono a Monaco?
    h. Da quanto tempo Elisabeth è in Italia?
    i. Perché Elisabeth vorrebbe andare anche in Sicilia?

3 Ergänzen Sie den Satz mit dem passenden Verb in der richtigen Form.
Beispiel:

> Vincenzo vorrebbe andare a Roma in aereo, ma Giorgio consiglia all'amico di prendere il treno:
>
> *Parti* con il rapido delle sette!

    a. Vincenzo vorrebbe abitare all'Hotel Forum e Giorgio dice:
Non _____ la camera all'Hotel Forum, non è un albergo molto tranquillo.

    b. Giorgio accende la televisione, ma non c'è niente di interessante. Graziella dice:
Spengi ___ la televisione! C'è solo pubblicità.

    c. Guglielmo va fuori con gli amici. Il padre dice al figlio:
Non _____ a casa molto tardi!

    d. Lucia e Bianca hanno sete. Anna consiglia alle amiche:
prendete ___ una bella aranciata fresca!

    e. Vincenzo ha bisogno di una macchina nuova. Giorgio consiglia all'amico:
_____ una Fiat 131! Non costa molto ed è veloce.

    f. Alla stazione il signor Caputo va a fare i biglietti e dice alla moglie:
Io vado a fare i biglietti, tu intanto _____ un facchino per le valige!

    g. Quest'anno Guglielmo ha l'occasione buona di andare all'estero. La madre dice al figlio:
Non _____ questa bella occasione!

Lezione decima   71

h. Lucia e Vincenzo hanno intenzione di fare un viaggio a Napoli. Bianca consiglia agli amici:
_____ anche Pompei, se andate a Napoli.

4 In taxi a Palermo

Ergänzen Sie den Dialog mit *mai, nemmeno, nessuno, niente/nulla, non, no*.

– Lei _____ è italiana, vero, signora?
– _____, sono tedesca, di Amburgo.
– Conosce bene la Sicilia?
– _____, della Sicilia _____ conosco ancora _____.
– _____ conosce _____ Palermo?
– _____, sono arrivata ieri sera.
– È in Italia per la prima volta?
– _____, conosco l'Italia abbastanza bene, ma fino ad oggi _____ sono _____ stata in Sicilia.
– Come mai _____ è _____ venuta in Sicilia prima?
– Perché i miei amici italiani sono tutti a Milano o a Roma ed io in Sicilia _____ conosco _____.

5 Bitte übersetzen Sie:

a. Komm herein, Barbara! Anna ist noch in (der) Stadt, aber sie muß gleich kommen. b. Möchtest (= willst) du inzwischen einen Aperitif oder einen Kaffee haben (trinken)? c. Um diese Zeit möchte ich lieber (ziehe ich vor) einen Kaffee, danke! d. Anna, schau (mal), wer da ist! e. Ach, wie schön! Wo bist du denn die ganze Zeit gewesen, Barbara? f. Bis vor zwei Tagen war ich (bin ich gewesen) in Italien. g. Warst du (bist du gewesen) wieder in Rom? h. Nein, diesmal nicht. Ich bin nach Kalabrien gefahren. i. So eine lange Reise hast du gemacht! (= eine Reise so lang hast du gemacht) Aber wieso bist du bis nach Kalabrien gefahren? l. Zuerst, weil (ein wenig weil) ich diese Gegend nie gesehen habe, und dann weil (ein wenig weil) ich einen lieben Freund in Reggio Calabria besuchen wollte (ich habe gewollt besuchen ...).

6 Verbinden Sie folgende Sätze mit *di, a* oder ohne Präposition.

Devo		telefonare a Marina.
Abbiamo intenzione		partire già domani.
Non cominciamo		parlare di macchine!
Non abbiamo tempo		visitare la città.
Preferisco		prendere un cappuccino.
Non è possibile		visitare Roma in tre giorni.
È difficile		trovare una camera libera.
Smetti		parlare sempre di macchine!
Siamo andati		trovare i nostri genitori.
Ho perso l'occasione		andare all'estero.
Abbiamo continuato		parlare fino a tardi.
È meglio		andare a piedi.
Abbiamo bisogno		bere un caffè forte.
Siamo andati		prendere il giornale alla stazione.
Vorrei		partire domenica alle sette.

7 Übersetzen Sie bitte:

– Wie geht's euch? Seid ihr in Urlaub gewesen?
– Ja, vier Wochen waren[1] wir in Urlaub.
– Ach deshalb! Ich habe ein paarmal versucht, bei euch anzurufen, aber niemand hat sich gemeldet[2]! Und wie ist der Urlaub gewesen?
– Wunderbar! Wir haben vier Wochen Sonne und Meer[3] gehabt.
– Seid ihr immer am selben Ort[4] geblieben?
– Nein, nein! Wir waren mit dem Wagen unterwegs[5] und sind die ganze Küste entlanggefahren. Wir haben die ganze Gegend[6] besichtigen wollen.
– Habt ihr auch mit den Leuten sprechen können?
– Oh ja! Wir haben viele Menschen kennengelernt[7]. Wir haben auch einige Freunde eingeladen, nächstes Jahr zu uns zu kommen.

---

[1] sind gewesen [2] geantwortet [3] vier Wochen von Sonne [4] Stelle [5] auf Reisen [6] Region [7] gekannt

Lezione decima 73

Lezione undicesima **11**

1a Verwandeln Sie die Aussagesätze in Fragesätze, ohne die Wortfolge zu ändern. Zum Beispiel: ◖◗

> Karin è una studentessa austriaca.
> – Karin è una studentessa austriaca?

a. Si trova a Siena per un corso.   d. Abita presso una famiglia privata.

b. È a Siena da 10 giorni.   e. Parla già molto bene l'italiano.

c. Si è iscritta al corso superiore.   f. È contenta di essere a Siena.

1b Sie hören vom Tonband eine Frage und die dazugehörige Antwort. Achten Sie vor allem auf die Intonation der Antwort und entscheiden Sie welche der beiden deutschen Übersetzungen ihre Bedeutung am besten wiedergibt. Beispiel: ◖◗

> Hören Sie die Frage und lesen Sie mit:
> Come ti trovi a Siena?
>
> Hören Sie nun die Antwort vom Tonband …
> … und wählen Sie dann die richtige Variante aus:
>
> 1. Ich fühle mich ganz wohl.
> 2. Ich fühle mich nicht so ganz wohl.
>
> Antwort 2 ist in diesem Fall richtig.

1. Come mai ti sei decisa a frequentare un corso d'italiano?
a. Bestimmt nicht, um besser Italienisch zu lernen!
b. Es wundert mich, daß du mich danach fragst! Du weißt doch, daß ich mein Italienisch verbessern möchte.

2. Devi andare all'Università ogni giorno?
a. Ja, leider! Jeden Vormittag ab 8 Uhr.
b. Ja, jeden Vormittag ab 8 Uhr.

3. Come sono i tuoi professori d'italiano?
a. Einige sind wirklich gut.
b. Nur einige sind wirklich gut.

4. È possibile divertirsi a Siena?
a. Wenn man nette Leute kennt, dann ja!
b. Ja doch! Man lernt so nette Leute kennen.

5. Quanto tempo rimani ancora a Siena?
a. Nicht bis zum Ende des Kurses.
b. Bis zum Ende des Kurses, ganz bestimmt!

6. Spendi molti soldi per la pensione?
a. Billig ist es nicht, aber es geht so.
b. Ja, teuer ist es!

1c Zweifeln Sie die folgenden Aussagen an nach dem Muster: ⊙⊙

> Karin è una studentessa tedesca. (austriaca)
> – Ma non è una studentessa austriaca?

a. Si trova a Siena in vacanza.
   (per un corso)
b. È arrivata da due giorni.
   (10 giorni fa)
c. Abita in una pensione.
   (presso una famiglia)
d. Ha un ragazzo svizzero.
   (italiano)
e. Parla molto male l'italiano.
   (abbastanza bene)
f. Prende sempre il 5.
   (va a piedi)

Siena: Piazza del Campo

Lezione undicesima

2a Risposta ad una lettera ⚭

Acireale, 10 agosto 1979

Carissima Karin,

ti chiedo scusa se ti rispondo solo oggi, ma come vedi, non mi trovo a Palermo e appena due giorni fa ho avuto la tua lettera da Giovanni.

Sono molto contenta che sei a Siena e, soprattutto, che ti trovi molto bene. Finalmente ti sei decisa a venire in Italia! Siena è una bellissima città dove hai certamente l'occasione di vedere molte cose interessanti, di conoscere molta gente simpatica e di imparare... ancora meglio l'italiano, così come hai sempre desiderato.

Io ho trascorso tutto il mese di luglio e questi primi giorni di agosto qui dai miei genitori ad Acireale. Dopo una vacanza così lunga di mare e di sole mi sento veramente bene e posso dire ora di avere completamente superato la malattia. Anche Giovanni è rimasto qui per un paio di settimane, ma poi è dovuto rientrare a Palermo; ci siamo però visti ogni fine settimana.

Qui ad Acireale ho conosciuto quest'anno una famiglia molto simpatica di Mannheim: lui è professore di tedesco e lei è ingegnere alla BASF. I Müller - così si chiamano - hanno due bambini di 8 e 10 anni che in un mese hanno imparato quasi perfettamente l'italiano. È meraviglioso vedere come i bambini imparano subito a parlare una lingua straniera! Io, invece, quando ho cercato di parlare con i Müller, ho visto che del mio tedesco è rimasto molto poco.

Ho l'intenzione di restare ad Acireale fino alla fine del mese. Perché non vieni anche tu dopo il tuo corso? Non hai bisogno di un po' di mare e di alcuni giorni di vacanze dopo la fatica del corso? Cerca di venire se ti è possibile.
Aspetto una tua lettera o una tua telefonata (telefona al 0952/ 48.21.12.)

Con i più cari saluti

tua Maria

2b Richtig oder falsch?   vero   falso

a. Maria si trova a Palermo da due giorni.   ○   ○
b. La lettera di Karin è arrivata a Maria due giorni fa.   ○   ○
c. Maria è ritornata a Palermo con Giovanni.   ○   ○
d. Maria ha trascorso una lunga vacanza al mare.   ○   ○
e. Ogni fine settimana Giovanni è andato a trovare Maria.   ○   ○
f. Al mare Maria ha conosciuto una famiglia tedesca.   ○   ○
g. I Müller parlano perfettamente l'italiano.   ○   ○
h. Maria parla perfettamente il tedesco.   ○   ○

2c Beantworten Sie die Fragen:

a. Chi ha portato la lettera di Karin a Maria?
b. Come mai Maria risponde alla lettera di Karin così tardi?
c. Dove si trova Maria? E da chi abita?
d. Come si sente ora Maria?
e. Di dove sono i Müller?
f. Come parla il tedesco Maria?
g. Quando ha intenzione di ritornare a Palermo Maria?
h. Perché Maria aspetta una lettera o una telefonata di Karin?

3 Ergänzen Sie die folgenden Sätze (es fehlt jeweils nur ein Wort):

a. A Siena Karin _____ un corso d'italiano _____ Università per
Stranieri. b. _____ fine del corso spera _____ parlare l'italiano
molto meglio. c. A Siena Karin _____ trova molto _____ perché
abita presso una famiglia simpatica e gentile. d. Karin è a Siena _____
la prima volta e non ha _____ frequentato un corso per stranieri. e.
_____ Karin non è stato difficile trovare degli amici: a Siena _____
sono moltissimi studenti. f. Alla _____ del corso Karin va forse
_____ trovare una sua amica in Sicilia.

4 Hören Sie folgende Sätze und stellen Sie Fragen dazu nach dem Modell: ⊙⊙

Mi trovo a Siena.	Mi trovo a Siena da 10 giorni.
– Dove ti trovi?	– Da quanto tempo ti trovi a Siena?

a. Mi trovo a Siena.   c. Abito presso una famiglia simpatica.
b. Mi trovo a Siena da 10 giorni.   d. Sono a Siena per frequentare un corso.

Lezione undicesima   77

e. La mattina mi alzo alle sette.
f. Mi sono iscritta al corso superiore.

g. I miei professori sono bravi.
h. Ho conosciuto un ragazzo molto simpatico.

5 Lesen Sie den folgenden Text und stellen Sie danach möglichst viele Fragen (mindestens 8) unter Verwendung von *dove, perché, come mai, come, chi, a che ora, con chi, da chi, che cosa …*:

Karin scrive a Maria che si trova a Siena perché vuole frequentare un corso d'italiano all'Università per Stranieri. Si è trovata una camera presso una famiglia molto simpatica. Si sente veramente bene anche perché ha già trovato molti amici. Ogni mattina si alza verso le sette, fa colazione e va all'Università a piedi. La sera esce con i colleghi, fa delle belle passeggiate o si siede in un caffè in Piazza del Campo e si diverte a guardare la gente che passa. Karin si scusa con Maria se la sua lettera non è molto lunga, ma adesso non ha tempo perché deve uscire con un ragazzo simpatico che si chiama Mario.

6 Von Ihrem Urlaubsort am Meer schreiben Sie einen Brief an eine(n) italienische(n) Freundin (Freund), in dem Sie mitteilen:

a. wo Sie sich befinden und seit wann
b. wo und wie Sie wohnen
c. wie Ihr Tagesablauf ist
d. was für Bekanntschaften Sie bisher gemacht haben
e. wie lange Sie noch beabsichtigen zu bleiben

7 Im folgenden Brief haben sich einige Fehler bezüglich der Wort- und Buchstabenfolge eingeschlichen. Wie müßte der Brief richtig lauten?

Caro Marco,
finalmente ho perso l'occasione buona per venire in Sicilia! Non credere come puoi sono contenta! Da due giorni mi trovo qui in paradiso e mi sento come in Sicilia; Maria ed i suoi gentili sono molto genitori con me. Oggi abbiamo fatto una bellissima gita a Taormina e siamo lisati anche sull'Etna.

78   Lezione undicesima

Forse resto qui fine alla fino del seme: ho proprio bisogno di una bella fatica dopo la vacanza del corso di Siena!

Un caro saluto affettuoso **tua Karin**

P.S.
Se puoi, vuoi scrivere a questo indirizzo:
Karin Richtig (c/o Maria Errati in Corrige)
Via Bellasvista 3
Acireale

8   Bitte übersetzen Sie:

a. „Im Kaufhaus kann man (ist es möglich zu) Kleider zu wirklich außergewöhnlichen Preisen kaufen. Wollen wir mal schauen?" „Ja, gern. Wir können mit dem Bus bis zum Stadtzentrum fahren, so verlieren wir keine Zeit mit der Parkplatzsuche." „Die 3 fährt direkt von hier bis zum Verdiplatz."

b. „Vor 2 Tagen habe ich Guido getroffen." „Geht es ihm noch schlecht?" „Nein, es geht ihm schon viel besser. Er hat einen langen Urlaub am Meer verbracht! Man kann jetzt wirklich sagen, daß er die Krankheit endlich überwunden hat." „Ich freue mich sehr für ihn."

c. „Gestern haben wir Bianca und Vincenzo besucht." „Wie geht es ihnen? Wir haben uns seit zwei Monaten nicht mehr gesehen!" „Sie sind erst seit einer Woche aus ihrem Urlaub zurückgekehrt. Heuer haben sie eine lange Auslandsreise gemacht." „Haben sie sich gut amüsiert?" „Ich glaub' schon, sie sind zumindest sehr zufrieden heimgekehrt."

9   Bilden Sie Sätze mit *che* oder *dove*, z.B.:

Ecco lo studente che ho conosciuto a Siena.
Ecco la camera dove abito.

Ecco	il caffè la casa la città la lettera il negozio il posto la studentessa	che dove	abbiamo trascorso le vacanze andiamo la sera ho scritto a Maria mi sono comprato il vestito nuovo mi sono trovata si è iscritta al corso superiore vorrei visitare

Lezione undicesima

10 Bitte übersetzen Sie:

– Grüß dich, Karin! Wo gehst du hin?

– Ich muß zur Uni …

– Warte mal, wollen wir zusammen Kaffee trinken?[1]

– Entschuldige Marco, aber ich bin für den Kurs schon etwas[2] spät dran[3] … ich bin ziemlich spät ins Bett gegangen und bin erst vor einer halben Stunde aufgestanden.

– Dann komme[4] ich mit dir bis zur Uni. Warum bist du spät schlafen gegangen?

– Weil ich Freunde besucht habe. Es sind Freunde aus Wien, die erst seit einer Woche in Siena sind.

– Fahren wir nun am Sonntag nach San Gimignano oder hast du schon was vor?[5]

– Nein, ich komme gern mit. Um wieviel Uhr wollen wir abfahren?

– Um 10 'rum. Paßt es dir?[6]

– Ja, sehr gut! So haben wir den ganzen Tag zur Verfügung, um die Stadt zu besichtigen.

– Ja, und wenn du willst, können wir am Abend ins Konzert[7] gehen. Es ist ein Freilichtkonzert[8] von Severino Gazzelloni.

– Ob wir noch Karten bekommen?[9]

– Bestimmt!

---

[1] nehmen [2] ein wenig [3] bin in Verspätung [4] vengo [5] bist du schon beschäftigt [6] bist du einverstanden [7] al concerto [8] all'aperto [9] wer weiß, ob … finden

80 Lezione undicesima

Lezione dodicesima   **12**

1   Wiederholen Sie folgende Fragesätze: ♫

a. Capisce?
Capisce, signora?
Capisce bene, signora?
Mi capisce bene, signora?
Non mi capisce bene, signora?

b. Desidera?
Desidera, signora?
Che cosa desidera, signora?
Signora, che cosa desidera?
E la signora, che cosa desidera?

c. Andiamo?
Andiamo a pranzo?
Andiamo a pranzo al ristorante?
Andiamo a pranzo al ristorante «Michelangelo»?
Andiamo a pranzo al ristorante «Michelangelo» stasera?

d. C'è un tavolo?
C'è un tavolo libero?
C'è un tavolo libero per quattro?
C'è un tavolo libero per quattro persone?
C'è un tavolo libero per quattro persone, per favore?
Cameriere, c'è un tavolo libero per quattro persone, per favore?

2a

> Um einer Frage mehr Intensität und Ausdruck zu verleihen, wird in der gesprochenen Sprache oft eine besondere Satzkonstruktion verwendet. Vergleichen Sie:
>
> | Normale Fragestellung: | Besondere Fragestellung: |
> |---|---|
> | Dove andate? | **Dov'è che** andate? |
> | Quando partite? | **Quand'è che** partite? |
> | Con chi partite? | **Con chi è che** partite? |

Lezione dodicesima   81

2b   Stellen Sie Fragen nach dem Modell: ○○

> Dove vai?
> – Dov'è che vai?

a. Di dove sei?   e. Cosa prendi per secondo?
b. Come stai?   f. Di chi parli?
c. Quando parti?   g. Quanto costa questa macchina?
d. Da dove arrivi?   h. Chi ha pagato il conto?

2c   Stellen Sie Fragen nach dem Muster: ○○

> Siamo andati al «Michelangelo».
> – Dov'è che siete andati?

a. Siamo andati a pranzo con il dottor Guidi.
b. Il dottor Guidi è di Milano.
c. È a Firenze da due giorni.
d. Al «Michelangelo» abbiamo mangiato bene.
e. Abbiamo pagato solo 20.000 lire.
f. Il dottor Guidi parte domenica.
g. Prende l'aereo da Pisa.

3a   **Paese che vai, usanze che trovi**[1] ○○ *accadère – geschehen*

Al turista che viaggia per l'Italia e che ancora non conosce i piatti caratteristici di ogni regione, accade molto spesso di ordinare, in un ristorante a Bolzano, una specialità di Genova e a Napoli una specialità di Torino. E così gli può accadère anche di ordinare del Valpolicella a Roma, del Bardolino a Firenze e a Palermo del Lambrusco.
Ci sono poi dei turisti che in Piazzale Roma a Venezia si servono di ristoranti improvvisati dal nome di WURSTELBUDEN che offrono al turista dei «Wurstel con crauti», dei «Brathendel», degli «Hamburger» o una colazione a base[2] di «Eggs and bacon». Questi turisti che anche all'estero preferiscono mangiare come a casa loro, non possono certo dire di aver conosciuto il paese che hanno visitato. Proprio in Italia dove ogni regione ha le sue usanze caratteristiche, è necessario sapere che in Toscana non si

---

[1] Andere Länder, andere Sitten (l'usanza = Sitte)   [2] bestehend aus, mit   [3] einfach

82   Lezione dodicesima

può bere il Valpolicella del Lago di Garda e che sul Lago di Garda non si beve il Chianti Nobile di Montepulciano, così come in una trattoria del Piemonte non si chiede il Frascati dei Monti Albani e in un'osteria romana non si ordina il Barolo del Piemonte. E che cosa si fa se non si conosce il nome dei vini della regione? Si chiede semplicemente[3] del «vino locale».

I VINI D'ITALIA

3b Richtig oder falsch?   vero   falso

   a. Ogni regione italiana ha le sue specialità.   ⊘   ○

   b. Il Lambrusco è un vino siciliano.   ○   ⊘

   c. Molti turisti non conoscono i piatti caratteristici ⊘   ○
     di ogni regione.

   d. Alcuni turisti non vogliono mangiare all'italiana.   ⊗   ○

   e. Ogni regione ha i suoi vini caratteristici.   ⊗   ○

   f. In una trattoria non si può bere del vino.   ○   ⊗

   g. Il vino si beve solo in osteria.   ○   ⊘

3c Beantworten Sie die Fragen:

   a. Perché in Italia ci sono tante specialità?

   b. Il vino italiano è lo stesso in ogni regione?

   c. È importante conoscere le usanze del paese che si visita?

   d. Se Lei è in Calabria e non conosce i vini della regione, che cosa ordina?

4 In un ristorante la signora e il signor Corno ordinano il pranzo. Ascoltate
con attenzione la conversazione una prima volta: ⚉

_____

_____

Ascoltate la conversazione una seconda volta e rispondete alle domande: ⚉

   a. _____
     Il cameriere non dice: «Che cosa vogliono i signori?», ma dice «Che
     cosa _____ i signori?»

   b. _____
     Il signor Corno ordina da bere una _____ di Barolo.

   c. _____
     Perché la signora Corno non prende il risotto di zucchini*?
     1. Perché preferisce le lasagne.
     2. Perché non le piace.
     3. Perché gli zucchini non ci sono in questa stagione.
     4. Perché è già finito.

_____

* zucchini wird mit stimmhaftem z (= dz) ausgesprochen (vgl. L 7, S. 46)

d. _____

L'arrosto di vitello è
1. un antipasto.
2. un primo piatto.
3. un secondo piatto.
4. un contorno.

e. _____

Che contorno prende la signora Corno?
Come contorno prende una _____ .

f. _____

Il signor Corno prende il primo?
1. No, perché non ha molto appetito.
2. No, perché non vuole mangiare pesce.
3. Sì, prende un antipasto.
4. No, perché sua moglie non vuole.

g. _____

Che cosa c'è nell'insalata mista del signor Corno?
1. zucchini   3. pomodori   5. patate   7. insalata verde
2. pompelmi   4. olive   6. peperoni

h. _____

Il signor Corno non dice: «Allora, per piacere, lasci via i finocchi» ma
dice: «Allora, _____, lasci via i finocchi».

5   Qual è il nome della bottiglia del Chianti?
Tragen Sie die Wörter in die Kästchen ein. Die fettgedruckte Reihe ergibt
den Namen.

a. Nome di una città e di un vino del Lazio.
b. Città famosa per lo Spumante.
c. Quello di Montepulciano è «Nobile».
d. Vino rosso della Romagna.
e. Vino bianco delle Marche.
f. Vino pugliese.
g. _____?_____

Lezione dodicesima   85

6 a L'osteria romana

In ogni osteria romana puoi trovare pronti, o farti preparare in due minuti, gli spaghetti e le fettuccine[1], c'è sempre della carne per servirti la cotoletta o la bistecca e, bene in vista, prosciutto e salame. Ma la vera osteria dà il vino e, secondo un'antica usanza, i clienti[2] portano da mangiare. Gruppi di giovani e vecchi, mamme, nonne e bambini arrivano da casa con piatti immensi di fettuccine e di spaghetti, insalata con tutti i colori dell'arcobaleno[3] e grandi pizze dorate[4]. Quando tutti si siedono alle lunghe tavole l'oste[5] comincia a portare caraffe, boccali[6] e bottiglie di vino che qui si chiama l'oro[7] dei Castelli ed ha veramente il colore dell'oro. Dopo aver finito di mangiare, i giovani cominciano a suonare la fisarmonica o la chitarra[8]. Nell'osteria romana non si balla[9], ma si suona e si canta[9] e, soprattutto, si parla e si discute[9]. È un salotto[10] di chi un salotto non ha, il salotto dell'oste, un luogo di incontro per chi vuole mangiare allegramente in compagnia[11].

(Adattato da: Aldo Palazzeschi, *Roma*. 1953)

---

[1] fettuccine = tagliatelle   [2] il cliente = Kunde   [3] i colori dell'arcobaleno = Regenbogenfarben   [4] dorato = golden   [5] l'oste = Wirt   [6] la caraffa, il boccale = Karaffe, Pokal   [7] l'oro = Gold   [8] la fisarmonica, la chitarra = Akkordeon, Gitarre   [9] ballare, cantare, discutere = tanzen, singen, diskutieren   [10] il salotto = Salon, Wohnzimmer   [11] allegramente in compagnia = in fröhlicher Gesellschaft

5b Zu der Frage, welche Bedeutung die „Osteria" für die Römer heute noch hat, gibt es offensichtlich sehr gegensätzliche Meinungen. Lesen Sie die Äußerungen von Fausto, Cesarino und Sor Gigetto und beantworten Sie dann schriftlich die Fragen:

Fausto (21 anni)

«Non frequento mai le osterie, perché non mi piacciono. C'è troppa gente, troppa confusione, troppo rumore e poi … non mi diverto. Se voglio mangiare e bere vado in un ristorante con la mia ragazza, in un locale più intimo dove veramente possiamo parlare insieme senza dover gridare. Anche le canzoni popolari delle osterie mi dicono ben poco; la mia ragazza ed io preferiamo ballare e ascoltare la muscia pop e così andiamo nelle discoteche. Io non capisco perché la gente va all'osteria … forse perché non conosce l'intimità di una casa propria.»

Cesarino (45 anni)

«Io sono nato qui a Trastevere, proprio in questa casa vicino all'osteria di Romoletto. Fin da bambino i miei genitori mi hanno portato in questa osteria e rivedo ancora le pizze al pomodoro della mia povera mamma. L'osteria per me è sempre stata come una seconda casa. Lì ho poi conosciuto da ragazzo Mariuccia, mia moglie; lì abbiamo passato delle bellissime ore con i nostri amici, che è gente come noi che abita qui vicino, gente che ha i nostri stessi problemi e un cuore grande così.»

Sor Gigetto (72 anni)

«E dove sono le osterie a Roma? Non ci sono più, mi creda. Sì, alcune a Trastevere o nei quartieri di periferia sono rimaste ancora lì, ma in città …? Niente, più niente! Naturalmente io parlo delle vere osterie, di quelle di una volta, perché quelle di oggi sono solo per i turisti; lì c'è uno che suona un po' la chitarra, canta qualche canzone e i turisti credono già di vedere il folclore romano! Quella è roba per americani del Texas e nient'altro, non è la vera osteria dei miei tempi. Quelle non ci sono più, chiudono tutte una dopo l'altra; i giovani si divertono con ben altre cose oggi … Maserati e Kawasaki o come diavolo si chiamano.»

1. Perché a Fausto non piace andare nelle osterie? Come preferisce divertirsi?
2. Perché per Cesarino l'osteria è un luogo familiare?
3. Che cosa pensa Sor Gigetto dei giovani d'oggi?
4. Lei vorrebbe frequentare un'osteria romana? Se sì, perché?

Lezione dodicesima   87

7 Bilden Sie Sätze nach dem Muster: ○○

> tu / telefonare a Maria
> – Telefona a Maria!

a. Lei / prendere un risotto *prenda*
b. voi / chiudere la porta *chiudete*
c. tu / aprire la bottiglia *apri*
d. Lei / finire pure di leggere il giornale *finisca*
e. voi / venire da noi a pranzo *venite*
f. voi / smettere di fumare *smettete*
g. Lei / partire con il treno delle 8 *parta*
h. tu / versare un po' di vino a Franca *versa*

8 Wechseln Sie die Anredeform nach dem Modell: ○○

> Dottore, si sieda qui vicino alla finestra. (Paola)
> – Paola, siediti qui vicino alla finestra.

a. Paola, telefonami domani a mezzogiorno. (Dottore) *mi telefoni*
b. Signora, mi scusi del ritardo. (Giorgio) *scusami*
c. Paola, scrivimi appena arrivi. (Signora) *mi scriva*
d. Signora, non si stanchi troppo. (Giorgio) *stancarti*
e. Dottore, non mi telefoni dopo le otto. (Paolo) *telefonarmi*
f. Giorgio, non alzarti alle otto. (Signorina) *si alzi*
g. Paola, permettimi di darti un consiglio. (Signora) *permetta di darle*
h. Mi scusi, dottore, le apra la bottiglia e le versi un po' d'acqua, Le dispiace? (Giorgio) *aprile* *versale* *ti dispiace*

9 Übersetzen Sie, bitte:
(A = 1. Gast, B = 2. Gast, O = Ober)

A: Herr Ober?
O: Bitte sehr?[1] *prego*
A: Die Speisekarte, bitte! *il menu per favore*
O: Die Speisekarte, bitte schön[1]. *Ecco il menu*
A: Und – bringen Sie mir bitte einen Überkinger[2]. *mi porti, pf, un*
B: Ich möchte gleich bestellen, ja[3]?
O: Jawohl.
B: Ich hätte gern[4] das Gedeck[5] Nummer 2, Kalbsbraten mit gemischtem Salat … *vitello e una insalata*
O: Kalbsbraten ist aus, (meine Dame). *prendo la cotoletta*
B: Ach …! Naja, dann nehm' ich das hier, Schnitzel!

88   Lezione dodicesima

O: Natur oder paniert[6]?

B: Dieses hier, Wiener Schnitzel[7] mit Pommes frites[8] und Salat.

O: Sehr wohl. Und – wünschen Sie etwas zu trinken?

B: Ja, bringen Sie mir bitte ein Viertel Rotwein.

O: Bitte schön.

A: Haben Sie nicht 'was ganz Leichtes? Es muß ja nicht unbedingt[9] Fleisch oder Fisch sein.

O: Eine Käseplatte vielleicht?

B: Ja – nimm doch eine Käseplatte mit Salat.

A: Käseplatte? Ach nee, ich nehm' lieber die Hühnerbrust mit Röstkartoffeln.

O: Bitte schön. Etwas zu trinken?

A: Ja, einen Rotwein – ach nee, doch lieber einen Weißwein, bitte.

O: … ich bringe auch beides[10].

A: Danke, lieber einen Weißwein.

O: Schön!

---

[1] bitte   [2] Mineralwasser   [3] darf ich?   [4] ich möchte   [5] Teller   [6] naturale o impanata (*oder* alla milanese)   [7] alla milanese   [8] fritte   [9] a tutti i costi   [10] ich bringe Ihnen den einen und den anderen, wenn Sie wollen.

Lezione tredicesima   **13**

1 Sie hören sechs Sätze, die eine Aufforderung oder eine höfliche Frage be-
inhalten. Geben Sie an, welche deutsche Version dem italienischen Satz
entspricht. Z.B.: ๐๐

> Mi passi il pane, per favore!
> a. Reichst du mir bitte das Brot?
> b. Reichen Sie mir bitte das Brot!
> Die richtige Antwort ist Satz b.

1. _____
   a. Würden Sie bitte ein Foto von uns machen?
   b. Mach ein Foto von uns, bitte!

2. _____
   a. Entschuldigen Sie, können Sie uns sagen, wo der Bahnhof ist?
   b. Entschuldigen Sie, können Sie mir sagen, wo der Bahnhof ist?

3. _____
   a. Rufst du mich morgen um 8 Uhr an?
   b. Rufen Sie mich morgen um 8 Uhr an!

4. _____
   a. Nun erzählst du uns mal von deiner Reise, nicht wahr?
   b. Nun, erzählen Sie uns mal von Ihrer Reise, bitte!

5. _____
   a. Bitte, öffnen Sie mir die Flasche!
   b. Würden Sie mir bitte die Flasche öffnen?

6. _____
   a. Treten Sie ruhig ein! Nehmen Sie Platz!
   b. Komm doch rein! Setz dich!

2 Diktat ๐๐
Siamo a Firenze da _____ due giorni, ma abbiamo _____ visto
molte cose. Anche se la città è _____ grande, si può girare benissimo a

_____ . Ieri, per esempio, subito dopo la _____ in albergo, siamo _____ per andare a Piazzale Roma e a San Miniato. Abbiamo fatto una bellissima _____ a piedi fra _____ con _____ alberi e fiori. Da Piazzale Michelangelo si _____ una bellissima vista su tutta la città. Franco ed io abbiamo scattato alcune _____, ma non so ancora come sono venute perché vado a _____ oggi dal fotografo.

3a Il viaggio di nozze[1] ⚆⚆

Già da qualche tempo le grandi compagnie di viaggio hanno scoperto[2] un nuovo tipo di turista: la giovane coppia che vuole fare il viaggio di nozze. Nelle agenzie turistiche, infatti, non è difficile leggere degli annunci che offrono, per esempio, un «viaggio di nozze a Firenze di 10 giorni, in albergo di prima categoria, camera matrimoniale con terrazza sulla città, colazione e cena in camera, gite per la città in carrozzella[3], champagne e orchidee gratis». Ai giovani sposi l'annuncio garantisce dunque divertimento e intimità. Ma ci sono veramente dei giovani che vanno ancora in viaggio di nozze?

Laura di Milano, 23 anni, segretaria
«Il mio ragazzo ed io non abbiamo ancora pensato al viaggio di nozze. Ci sono ancora tante cose che dobbiamo comprare, per esempio tutti i mobili per il nuovo appartamento e non so proprio se ci restano dei soldi per altre cose. Certo, io vorrei farlo, ma come ho già detto, è un problema economico. Sì, lo so che ci sono dei viaggi di nozze organizzati che non costano tanto, ma quest'idea dell'industria del viaggio di nozze non mi piace proprio. Se vediamo che non ci restano soldi, abbiamo sempre la possibilità di fare un viaggio in Sicilia, dove abitano i genitori del mio ragazzo, e restiamo da loro una settimana o due».

Giuliana di Bari, 28 anni, impiegata
«Per il viaggio di nozze noi abbiamo già fatto tutti i nostri progetti: prima ci facciamo una settimana al Lido di Venezia e poi una settimana a Cortina. Questo perché il mio ragazzo ed io abbiamo desideri diversi: io preferisco la montagna e lui il mare».

Claudio di Bologna, 24 anni, studente di medicina
«Ma che c'è ancora gente che va in viaggio di nozze? Allora non ci sono solo le Caroline di Monaco, le Anne d'Inghilterra o le Farah Dibe che vanno alle Bahama per la luna di miele[4]! Per me sono tutti soldi spesi male».

3b Richtig oder falsch?

	vero	falso
a. Alcune agenzie offrono dei viaggi di nozze gratis.	◯	◯
b. I viaggi di nozze a Firenze sono gratis.	◯	◯
c. Il viaggio di nozze organizzato non piace a Laura.	◯	◯
d. Laura vorrebbe fare un viaggio di nozze, ma non ha soldi.	◯	◯
e. Giuliana non sa se fare il viaggio di nozze al mare o in montagna.	◯	◯
f. Claudio vorrebbe fare un viaggio di nozze alle Bahama.	◯	◯
g. Claudio non vuole spendere soldi per il viaggio di nozze.	◯	◯

---

[1] le nozze = Hochzeit   [2] scoprire = entdecken   [3] la carrozzella = Kutsche   [4] la luna di miele = Flitterwochen

92   Lezione tredicesima

3c Beantworten Sie die Fragen:

   a. Che cosa hanno scoperto le grandi compagnie di viaggio?

   b. Che cosa offrono alcune agenzie alle giovani coppie?

   c. Che cosa offre l'annuncio per il viaggio di nozze a Firenze?

   d. Dove ha intenzione di andare Laura per il viaggio di nozze?

   e. Perché per Laura il viaggio di nozze è un problema economico?

   f. Perché Giuliana e il suo ragazzo fanno una settimana al mare e una in montagna?

   g. Come mai Claudio non va in viaggio di nozze?

4 Sie hören fünf kurze Gespräche, zu denen Ihnen jeweils vier Aussagen zur Auswahl angeboten werden. Kreuzen Sie an, welche Aussage dem Gesprächsinhalt am besten entspricht. ∞

1. _____

   a. Il signore non sa a che ora arriva il treno.

   b. Il signore non è pratico della città.

   c. La signora non è pratica della città.

   d. Il signore deve andare sempre dritto.

2. _____

   a. La moglie del signor Lama è desiderata al telefono.

   b. Il signor Lama esce fra mezz'ora.

   c. I signori Lama non abitano all'Hotel Benci.

   d. Qualcuno telefona al signor Lama in albergo.

3. _____

Il negozio dove si trova la signora, vende:

   a. macchine fotografiche   c. fotografie

   b. macchine   d. cartoline

4. _____

   a. Il ristorante è chiuso tutto il mese di agosto.

   b. Il ristorante è chiuso la domenica sera, ma non la domenica a mezzogiorno.

   c. Il ristorante nel mese di agosto, rimane chiuso la domenica.

   d. Il ristorante non chiude mai nel mese di agosto.

Lezione tredicesima

5. _____

La signora e il signore

a. ... cercano la Via Verdi.

b. ... conoscono molto bene la città.

c. ... si trovano in Via Verdi.

d. ... chiedono ad un passante dov'è Via Verdi.

5 Setzen Sie die passenden Formen von *potere* oder *sapere* ein:

a. Mi scusi, _____ dov'è Piazza Garibaldi? – Mi dispiace, non
_____ aiutarLa perché non sono di qui. Lo chieda a quei ragazzi, loro
lo _____ certamente.

b. C'è qualcuno di voi che _____ dirmi dov'è Piazza Garibaldi? – Sì,
guardi, si _____ prendere, da qui, o la via Mazzini o la via Turati.

c. Signora, _____ la strada che porta alla stazione? – Allora, volti per
via Turati, vada dritto e dopo 5 minuti è in Piazza Garibaldi; non _____
sbagliare.

d. Come si fa a _____ se Palazzo Pitti oggi è aperto o chiuso? – Sì,
_____ telefonare all'ufficio informazioni.

e. Karin _____ parlare molto bene l'italiano. Si _____ proprio
dire che lo parla perfettamente.

6a Lesen Sie den folgenden Text und betrachten Sie die Illustration:

Fra le regioni italiane, l'Umbria è una delle poche a non avere il mare. È
un paesaggio di verdi colline, tranquillo, senza colori drammatici: il paesaggio di San Francesco e di Raffaello. È una regione-museo, dove anche le
poche industrie hanno un carattere raffinato: l'industria dei dolci a Perugia
– famosi sono i «Baci Perugina» –, quella delle paste alimentari[1] «Buitoni»
a San Sepolcro e quella della moda che ha portato il nome di «Luisa
Spagnoli» da Perugia in tutto il mondo.

_____

[1] Teigwaren

94   Lezione tredicesima

6b Beantworten Sie die Fragen:

    a. Perché una settimana passata in Umbria è una «settimana verde»?

    b. Perché si dice che l'Umbria è il «cuore verde» dell'Italia?

    c. Che cosa vede Lei nell'illustrazione?

    d. L'Umbria ha anche dei vini famosi. Da quale parola si capisce?

    e. Da che cosa si capisce che l'Umbria offre anche dei piatti caratteristici?

    f. Lei vorrebbe visitare l'Umbria? Perché?

7 Bilden Sie Sätze nach dem Muster:

Quel signore che vedi è il padre di Giorgio.

	albergo			alta 800 metri
	alberi			dei turisti americani
Quel	albero			delle orchidee del Brasile
Quell'	collina			il parco del nostro albergo
Quello	fiori		è	l'amico di Giorgio
Quella	giardino	che vedi		molto belle
Quei	isola		sono	molto vecchi
Quegli	piante			Murano
Quelle	ponte			Ponte Vecchio
	stranieri			un fico
	studente			un palazzo di Michelangelo

8 Sie hören einen kurzen unvollständigen Satz. Vervollständigen Sie ihn mit der dazupassenden Form, die Sie hier lesen. Zum Beispiel: ◯◯

> Sie hören:
> Ai grandi magazzini Luisa ha visto un bel vestito e vorrebbe comprarlo. La sua amica le dice: «Il vestito è veramente bello, …»
>
> Wählen Sie nun unter den drei Formen: a. lo compri b. compralo c. comprala die richtige aus.
>
> In diesem Fall ist b. die richtige Antwort.

1. _____

«Mi scusi, qui c'è corrente perché la finestra è aperta; per favore, _____»

a. la chiuda. b. chiudila. c. la chiude.

96   Lezione tredicesima

2. _____
«È nella mia borsetta, _____»
a. prendilo. b. prendila. c. la prendi.

3. _____
«Scusi, può farci un paio di fotografie, _____»
a. Le dispiace? b. ti dispiace? c. gli dispiace?

4. _____
«Cerchi le tue sigarette? Sono qui sul tavolo, _____»
a. eccoli! b. eccole! c. eccomi!

5. _____
«Buon giorno, signor Lelli, entri pure, _____»
a. si accomoda. b. accomodati. c. si accomodi.

6. _____
«Il gelato ti fa male, _____»
a. prendilo. b. non lo prende. c. non prenderlo.

7. _____
«Domani a che ora è che dobbiamo _____»
a. alzarsi? b. alzarci? c. ci alziamo?

L'Umbria, il cuore verde d'Italia

9 Bitte übersetzen Sie:

– Entschuldigen Sie, bitte. Können Sie mir sagen, wie man von hier aus zum Bahnhof kommt?
– Sind Sie zu Fuß oder mit dem Auto (unterwegs)?
– Zu Fuß. Ist es sehr weit von hier?
– Ach nein, eigentlich[1] sind es nur 10 Minuten ... aber wenn man den Weg nicht kennt, ist es ein bißchen kompliziert. Schauen Sie mal, sehen Sie die große Kirche da?
– Ja, ich seh' sie, die mit den zwei Türmen[2], nicht wahr?
– Eben[3] die! Sie gehen jetzt bis zur Kirche und gleich[4] nach der Kirche müssen Sie links einbiegen, dann gehen Sie immer geradeaus und an der – eins, zwei, drei, vier, fünf – an der fünften Straße müssen Sie wiederum links abbiegen.
– An der fünften, haben Sie gesagt, nicht wahr?
– Ja! Und dann kommen Sie zu einer Brücke. Sie gehen über die Brücke und nach 200 m sehen Sie schon den Bahnhof.
– Na ja, einfach ist es nicht. Ob[5] ich ihn finde? Ich kenne mich nicht aus in dieser Stadt. Jedenfalls, vielen Dank.
– Sie können ja vielleicht nochmal[6] fragen, wenn Sie den Weg nicht sofort finden.

---

[1] wirklich [2] il campanile [3] gerade [4] sofort [5] wer weiß, ob ... [6] ein anderes Mal

98 Lezione tredicesima

Lezione quattordicesima 14

a Verwandeln Sie die Aufforderung (oder den Befehl) in eine Frage oder umgekehrt. Zum Beispiel: ○○

Andiamo a fare la spesa?	Facciamo colazione in camera!
– Andiamo a fare la spesa!	– Facciamo colazione in camera?

a. Facciamo una gita a Firenze?
b. Andiamo in macchina!
c. Diciamo a Carla di venire con noi?
d. Andiamo a trovare i tuoi amici?
e. Partiamo alle sette?
f. Facciamo colazione a Bologna!
g. Passiamo per Pisa?
h. Facciamo subito le valige!

b Wie Übung 1a ○○

a. Ci incontriamo in centro?
b. Troviamoci al bar «Roma»!
c. Sediamoci fuori!
d. Ci prendiamo un bel gelato?
e. Mettiamoci d'accordo per domenica!
f. Diamoci appuntamento con Paolo!
g. Ci rivediamo stasera?
h. Ci telefoniamo più tardi?

c Wie Übung 1a ○○

a. Mi dai il pane, per favore?
b. Mi dia il giornale, per favore!
c. Dammi il tuo passaporto, per favore!
d. Mi dà un chilo d'uva, per favore?
e. Fammi una fotografia, per favore!
f. Mi faccia vedere il centro!
g. Mi fai un caffè, per favore?
h. Mi fa vedere dov'è il mercato?

2a **Supermercato o piccolo negozio?** ○○

Le statistiche dicono che gli italiani seguono ancora l'antica usanza di comprare la frutta e la verdura al mercato e che per i generi alimentari preferiscono i grandi supermercati.

Matilde Nelli, 65 anni, pensionata di Ravenna
«Io preferisco il piccolo negozio al supermercato, e non solo da ora che ho più tempo a disposizione perché sono pensionata, ma da sempre. Il supermercato non mi piace perché c'è sempre troppa gente, troppa confusione e

Lezione quattordicesima   99

non si sa mai quello che si compra. Io vado a fare la spesa ogni giorno in quel negozio in fondo alla strada; per la frutta e la verdura invece vado al mercato, perché la portano fresca tutti i giorni dalla campagna.»

Marcello Silloni, 53 anni, operaio di Milano

«Nei supermercati si risparmia molto e c'è più scelta. Una volta alla settimana mia moglie ed io andiamo in un grande supermercato fuori città e facciamo la spesa per tutta la settimana. Se si vuole risparmiare, conviene proprio, mi creda! Da molti anni non andiamo quasi più nei negozi di generi alimentari, se non per alcune cose che abbiamo dimenticato di comprare. Qualche volta andiamo anche in campagna dove compriamo il vino, le uova e i polli.»

Enzo Gabrieli, 48 anni, proprietario di un negozio a Pesaro

«Mia moglie ed io abbiamo questo negozio già da 20 anni, abbiamo lavorato tutta una vita e non creda che ci siamo fatti tanti soldi, perché in tutti questi anni abbiamo potuto comprare, con grande fatica, solo l'appartamento dove viviamo e nient'altro! Cinque anni fa hanno aperto un supermercato proprio vicino a noi; come Lei sa, ne costruiscono sempre tutti gli anni. Nei primi mesi abbiamo perso molti clienti, ma poi sono ritornati da noi. E questo, lo sa Lei, caro il mio signore? Perché noi serviamo i clienti, come si deve; conosciamo benissimo i loro gusti e da noi possono trovare tutte le specialità di vini o di formaggi della regione. E poi noi facciamo anche il servizio a domicilio: i clienti ci telefonano, ci dicono quello che vogliono e noi portiamo loro la roba fino in casa. Ne cerchi Lei di supermercati che fanno questo servizio! Nemmeno uno né trova!»

b Richtig oder falsch

	vero	falso
a. Quasi tutti gli italiani fanno la spesa al supermercato.	◯	◯
b. Molti comprano la frutta e la verdura al mercato.	◯	◯
c. La signora Nelli preferisce il supermercato al negozio.	◯	◯
d. La signora Nelli va al supermercato perché si perde meno tempo.	◯	◯
e. La famiglia Silloni compra al supermercato per risparmiare.	◯	◯
f. I Silloni fanno la spesa una volta al mese.	◯	◯
g. Il signor Gabrieli è il proprietario di un negozio.	◯	◯
h. Il signor Gabrieli deve chiudere il negozio perché ha perso i suoi clienti.	◯	◯

c Beantworten Sie die Fragen:

a. Perché alla signora Nelli non piace il supermercato?

b. Perché va al mercato a comprare la frutta e la verdura?

Lezione quattordicesima 101

c. Perché i Silloni preferiscono il supermercato?

d. Che cosa comprano i Silloni nel negozio vicino a casa loro?

e. Che cosa comprano i Silloni in campagna?

f. Che cos'è il servizio a domicilio?

g. E Lei dove preferisce fare la spesa? Perché?

3 Ergänzen Sie mit den Formen von *andare* oder *venire:*

a. Clara e Anita vogliono _____ al cinema. Telefonano alla loro amica Anna e le dicono: «Stasera _____ al cinema, _____ con noi?»

b. Anna è d'accordo e risponde: «Sì, _____ anch'io con voi. Fra mezz'ora sono pronta.»

c. Anna dice ai suoi genitori: «Esco perché _____ al cinema.» E i genitori: «Che film _____ a vedere? E con chi _____?»

d. Anna: «Con Clara e Anita, ma forse _____ con noi anche Bruno e Walter se non _____ al Palazzo dello Sport a sentire Bob Dylan. Non so che film vogliono _____ a vedere.»

e. I genitori dicono alla figlia: «Divertiti, ma non _____ a casa troppo tardi, eh!»

f. Anna risponde: «No, no! Forse dopo il cinema _____ anch'io in pizzeria con loro, ma stasera non faccio tardi. Anche perché domani mattina devo _____ in ufficio già alle sette. Ciao e buona notte!»

4 Claudia muß ins Büro und hinterläßt ihrem Mann Bruno einen Zettel, in dem sie ihm folgendes mitteilt:

a. Anna und Walter seien gerade von Mailand in Rom angekommen.

b. Sie hätten um 14.30 angerufen und gesagt, daß sie sich 2 Tage in Rom bei ihrer Tante aufhalten wollen.

c. Sie habe die Gelegenheit wahrgenommen, um sie für heute abend zum Abendessen einzuladen.

d. Sie habe leider keine Zeit gehabt, um einzukaufen.

e. Sie bittet daher Bruno, ins Geschäft an der Ecke zu gehen, um einige Besorgungen zu machen. Er solle 2 Flaschen Wein, eine Flasche Mineralwasser, 1 Pfund Tomaten, etwas Obst und eine Eistorte kaufen.

f. Er möge sie um sieben Uhr vom Büro abholen. Sie warte auf ihn in der Bar, wenn er sich verspätet.

102   Lezione quattordicesima

Caro Bruno,   *17|7, ore 14.⁴⁵*

5 Sie hören ein kurzes Gespräch. Lesen Sie danach die Aussage, die sich auf das Gespräch bezieht, und kreuzen Sie an, ob sie richtig ist oder nicht. Zum Beispiel: ○○

Signore: Mi scusi, è libero questo posto?

Signora: S'accomodi pure! Noi andiamo comunque via, adesso.

Die Aussage lautet:

Il signore può sedersi.   vero ⊗   falso ○?

In diesem Fall ist „vero" die richtige Antwort.

---

1. – _____

   – _____

   Il venditore non ha più guide della città.   vero ○   falso ○?

2. – _____

   – _____

   La ragazza non sa rispondere alle domande.   vero ○   falso ○?

3. – _____

   – _____

   La signora non prende il parmigiano, perché è poco.   vero ○   falso ○?

Lezione quattordicesima   103

4. –_____

–_____

La studentessa si iscrive al corso medio.   vero ◯   falso ◯?

5. –_____

–_____

La signora sa dov'è la posta.   vero ◯   falso ◯?

6. –_____

–_____

La ragazza va senz'altro al cinema.   vero ◯   falso ◯?

7. –_____

–_____

Hanno aperto un nuovo supermercato.   vero ◯   falso ◯?

6 Le offerte al mercato

Die Verkäufer preisen ihre Ware an, um sie an den Mann zu bringen.
Hören Sie aufmerksam zu, was sie anbieten und kreuzen Sie das richtige
Angebot an: ००

1. _____

_____

Il signore vende a. limoni b. arance c. miele d. peperoni

2. _____

_____

La signora vende a. fragole b. uva c. vino d. uova

3. _____

_____

Il signore vende a. mele b. zucchini c. parmigiano d. olio d'oliva

4. _____

_____

La signora vende a. frutta b. verdura c. pesce d. carne

7 Füllen Sie die Lücken mit den passenden Formen von *fare* oder *dare* aus:

a. Pino ha una nuova macchina e i suoi amici gli dicono: «_____ vedere la tua nuova macchina!»

b. Sandra domanda a Claudio: «Che cosa posso offrirti?» Claudio risponde: «_____ un caffè, per favore!»

c. La signora Alighieri dice al commesso: «Signor Giovanni, _____ un chilo di zucchero, per favore!»

d. Laura e Guido hanno un nuovo appartamento. I genitori dicono a Laura e a Guido: «_____ vedere il vostro nuovo appartamento!»

e. Il portiere dell' albergo chiede ai Cinquetti: «Signori, _____ i Loro passaporti, per favore!»

f. Isabella chiede a Cesare: « _____ il numero di Sandra! Devo telefonarle.»

g. Maria e Anna chiedono a Giuliana: «_____ l'indirizzo di Giorgio. Dobbiamo scrivergli.»

h. La signora Alighieri ha fatto la spesa e dice al commesso: «_____ il conto, per favore! Credo di avere tutto.»

i. La guida di Palazzo Pitti dice ai turisti: «_____ la gentilezza di non uscire in giardino che a quest'ora è chiuso!»

3a Lesen Sie folgendes Interview:

– Signor Bertini, da alcuni giorni si legge il Suo nome su tutti i giornali. Si parla di Lei e del gruppo di giovani che …

– Devo subito interromperLa. Non è vero che siamo un gruppo di soli giovani. Ci sono persone anche di 40 e 50 anni nel nostro gruppo.

– Bene, questa informazione è importante. Comunque, si parla della campagna di informazione che Lei e il Suo gruppo ha cominciato a fare da un po' di tempo nelle vie e sulle piazze della città, davanti ai grandi supermercati. Quali sono le intenzioni di questa campagna?

– Tutti, più o meno, si sono già trovati in un supermercato: si entra per comprare solamente alcune cosette e poi invece si vede questo e quello e si pensa subito di doverlo comprare. Questo accade in tutti i negozi a self-service, là dove si fa una grande pubblicità delle offerte speciali[1].

– Ma è proprio con le offerte speciali che si può risparmiare, no?

– No, non è vero, perché la gente, quando vede l'offerta speciale, non pensa se ha veramente bisogno di quel prodotto o no … e lo compra anche se non è necessario.

– Allora, Lei vorrebbe eliminare le offerte speciali …

– No, nemmeno questo! Noi vogliamo informare le persone su certi problemi. Ecco, vede: In Italia ci sono senz'altro molte persone con molti

---

[1] Sonderangebote   [2] ricco = reich   [3] povero = arm   [4] Wohlstand

soldi che possono comprarsi tutto o quasi tutto. È un paese fra i più ricchi[2] d'Europa e uno dei più poveri[3] nello stesso tempo. È proprio questo il dilemma! Il dilemma fra benessere[4] privato – quello che io posso comprare con i miei soldi – e il benessere sociale, cioè quello che mi può dare la società quando ho bisogno di scuole, di ospedali, o di pensione.

– Per chi vuole fare Lei questa campagna? Per i ricchi o per i poveri?
– Per tutti quelli che vogliono ascoltarci.
– Tante grazie, signor Bertini.

8b Beantworten Sie die Fragen:

a. Perché non si può dire che nel gruppo del signor B. ci sono solo giovani?
b. Il signor Bertini dice in due punti che certe persone non sanno quello che comprano. Che cosa dice?
c. Perché l'Italia per il signor Bertini è un paese ricco?
d. E perché è anche uno dei più poveri d'Europa?
e. Che cos'è il benessere privato? E il benessere sociale?
f. Secondo Lei è importante la campagna di informazione del signor B.?

9 Übersetzen Sie bitte:

– Für heute Abend möchte ich „Spaghetti alla bolognese" kochen[1]. Was brauche ich? Was muß ich einkaufen?
– Die Spaghetti ganz bestimmt! Für die Soße[2] brauchst du Tomaten, Fleisch, einige Gemüsesorten und Gewürze[3]. Du brauchst vor allem viel Zeit.
– Wieso? Ist es so schwierig, „Spaghetti" zu kochen?
– Nein, schwierig ist es nicht, aber für eine gute Soße brauchst du mindestens 2 Stunden.
– Dann kaufe ich eine, die schon fix und fertig[4] ist.
– Ja, aber gut schmeckt[5] sie nicht.
– Ja vielleicht! Aber ich kann doch[6] nicht 2 Stunden in der Küche verlieren. Weißt du, ich hab' eine bessere Idee. Ich kaufe Brot, etwas Schinken und etwas Käse ein.
– Wie jeden Abend, eben! Aber das ist auch gut!

---

[1] machen [2] il sugo [3] le spezie *oder* gli aromi [4] dann kaufe ich eine schon fertig
[5] ist [6] mica

106   Lezione quattordicesima

Lezione quindicesima 15

1 Versuchen Sie, aus dem Satzzusammenhang und der Intonation herauszufinden, welche Gefühle die folgenden Sätze ausdrücken. (Sie haben jeweils die Wahl zwischen zwei Möglichkeiten.) Beispiel: ᴏᴏ

> Caspita! Ma siete già arrivati!
> a. Überraschung b. Bedauern
> In diesem Fall ist a. die richtige Lösung.

1. _____ !
a. Bedauern b. Freude

2. _____ !
a. Gefallen b. Gleichgültigkeit

3. _____ ?
a. Bewunderung b. Gelassenheit

4. _____ !
a. Entsetzen b. Verwunderung

5. _____ !
a. Enttäuschung b. Gefallen

6. _____ !
a. Ärger b. Freude

7. _____ !
a. Bewunderung b. Mißfallen

8. _____ !
a. Überraschung b. Enttäuschung

9. _____ ?
a. Ärger b. Mitleid

10. _____ !
a. Mißfallen b. Gleichgültigkeit

11. _____ ?
a. Gelassenheit b. Entsetzen

12. _____ !
a. Enttäuschung b. Bewunderung

13. _____ ?
a. Neugier b. Mitleid

2 Diktat

Siamo molto contenti della _____ che abbiamo fatto _____ a Verona. Delle _____ del Veneto è _____ una delle più belle, se non la più bella. Il suo paesaggio ci è _____ moltissimo: è _____ proprio ai piedi di _____ colline e intorno all'Adige. Il cuore della città _____ è veramente meraviglioso: ci sono delle piccole strade _____ portano in _____ piazze bellissime, come per _____, la Piazza dei Signori che è un vero salotto all'aperto, o come la Piazza delle Erbe, dove _____ giorno c'è il mercato dei _____, della frutta e della _____. Moltissimi sono i palazzi e le _____ antiche; abbiamo visto anche il palazzo con il _____ di Giulietta.

Enrico Caruso   Maria Callas

Renata Tebaldi   Arturo Toscanini (a sinistra)

3a La Scala di Milano

La Scala, il più importante teatro lirico italiano, ha più di 200 anni, ma non li dimostra[1]. È stato costruito nel 1778, in meno di due anni, e da allora è sempre stato uno dei monumenti più amati di Milano. Sul suo palcoscenico hanno cantato i più grandi tenori e soprani italiani e stranieri; qui hanno lavorato Gioacchino Rossini, Vincenzo Bellini, Giuseppe Verdi e il grande Arturo Toscanini, tutti i più bei nomi della musica italiana.
Ma che posto occupa oggi la Scala nel cuore dei milanesi?

«Io sono proprio milanese-milanese ... ma pensi!, non sono mai stato alla Scala. Passo lì davanti ogni giorno per andare alla banca dove lavoro, ma alla Scala non sono mai entrato. Perché? Mah ... forse perché è molto più comodo passare la serata[2] davanti alla televisione. Sa, io lavoro tutto il giorno e la sera sono sempre molto stanco». (Giorgio Benelli, 48 anni, ragioniere[3])

«Molta gente dice che la Scala è un teatro solamente per la gente che ha soldi, ma non è vero, o per lo meno non è più vero da alcuni anni. Le «prime»[4] con le signore elegantissime in abito lungo sono solo un ricordo di anni lontani. Alla Scala ci sono anche dei posti molto economici e sono state organizzate anche delle serate popolari con prezzi eccezionali, per tutti i posti». (Maria Gelsi, 27 anni, impiegata)

Lezione quindicesima   109

«Non sono mai stato alla Scala, ma ne conosco l'orchestra. Pensi un po'! Tutta l'orchestra, con il direttore e tutti i solisti, sono venuti da noi in fabbrica alla Marelli e hanno suonato per gli operai. È stato un bellissimo concerto, specialmente[5] per quelli che come me non hanno mai avuto l'occasione di ascoltare della musica classica». (Mario Bortolotti, 54 anni, operaio specializzato[6])

«Ho molto interesse per la musica e vado volentieri alla Scala, specialmente quando ci sono delle opere e dei concerti di autori moderni. Purtroppo però non ne danno molte ... il grande pubblico preferisce ascoltare sempre le stesse opere». (Patrizia Morciano, 20 anni, studentessa)

«Vado alla Scala da moltissimi anni. Ho visto tantissime opere con cantanti famosi, come Enrico Caruso, la Renata Tebaldi e la regina[7] dell'opera, la grande, grande Maria Callas. Ho sentito anche Arturo Toscanini ... che poi è andato in America, purtroppo. Alla Scala mi sento come a casa mia, conosco un po' tutti. Adesso vengono anche tanti giovani. E questo è molto bello, così la lirica non resta una cosa solo per i vecchi come me». (Piero Tommasini, 71 anni, pensionato)

3b Richtig oder falsch

	vero	falso
a. La Scala è un teatro lirico.	○	○
b. È il teatro più antico d'Italia.	○	○
c. I milanesi non amano il loro teatro.	○	○
d. Solo i tenori italiani possono cantare alla Scala.	○	○
e. Tutti i milanesi sono andati almeno una volta alla Scala.	○	○
f. Solo le persone con molti soldi possono andare alla Scala.	○	○
g. La Scala organizza anche dei concerti per operai.	○	○
h. Nel programma della Scala non c'è mai musica moderna.	○	○
i. Anche la regina d'Inghilterra ha cantato alla Scala.	○	○

3c Beantworten Sie die Fragen:

a. È più antica la Scala o l'Arena di Verona? Perché?

---

[1] dimostrare = zeigen, hier: man sieht es ihm nicht an   [2] Abend   [3] Buchhalter
[4] Premieren   [5] vor allem   [6] Facharbeiter   [7] Königin

110   Lezione quindicesima

b. Perché alcuni Milanesi non sono mai andati alla Scala?
c. Sono molto cari i biglietti d'ingresso per la Scala? Perché?
d. Che cosa organizza la Scala per gli operai?
e. Perché alla Scala non danno molte opere moderne?
f. È necessario essere molto eleganti per andare alla Scala?
g. Nel testo si parla della regina dell'opera. Di chi si parla? Perché è chiamata «regina»?

4 Quali sono i divertimenti preferiti degli Italiani?
Secondo una statistica[1] gli Italiani si divertono così:

1. Mi piace viaggiare.	76,9%
2. Quando mi è possibile, mi piace uscire di casa e incontrare amici.	70,9%
3. Il mio divertimento preferito è stare con i miei familiari.	65,8%
4. Mi piace guardare le vetrine dei negozi.	55,6%
5. La televisione e la radio mi piacciono perché imparo molto.	45,2%
6. Vado a mangiare in compagnia.	40,3%
7. Andare al cinema è uno dei miei divertimenti preferiti.	35,2%
8. Nei momenti liberi mi piace lavorare in giardino.	23,6%
9. Vado a teatro o alle conferenze.	19,3%
10. Frequento un club.	19,2%
11. Alla sera mi piace andare al caffè.	17,9%
12. Vado a ballare.	11,0%

5 Hören Sie zuerst den folgenden Dialog: ⌒

Hören Sie jetzt den Dialog ein zweites Mal und beantworten Sie die Fragen schriftlich: ⌒

1. Paolo non dice: «… possiamo andare al mare. Che cosa pensi, Francesca?» ma dice: «… possiamo andare al mare. _____, Francesca?»

2. Francesca non dice: «… di domenica non mi piace andare al mare,

---

[1] G. Calvi, *Valori e stili di vita degli Italiani.*Indagine psicografica nazionale 1976. Milano, Istituto Editoriale Internazionale 1977.

Lezione quindicesima   111

perché c'è tanta gente!», ma dice: «... di domenica non mi piace andare al mare, _____ ».

3. Paolo non vuole andare a Terracina dai genitori di Francesca ...

a. ... perché non gli piace la cucina della madre.
b. ... perché questa domenica vorrebbe fare qualcosa di nuovo.
c. ... perché non ha la macchina.
d. ... perché preferisce andare dai suoi genitori.

4. In quale città abitano Paolo e Francesca?

Abitano a _____ .

5. Perché Paolo non ama la compagnia di Anna e Rodolfo?
(Fassen Sie die Gründe schriftlich zusammen)

---

6 Bitte übersetzen Sie:

a. In der Arena von Verona können 25 000 Zuschauer Platz finden (= Die Arena von Verona kann ... enthalten). b. Ist die Arena größer als das Kolosseum? c. Nein, das Kolosseum ist größer und älter als die Arena. d. Ist es wahr, daß die Arena eins der wichtigsten Opernhäuser ist? e. Ist die Arena die einzige Freilichtbühne in Italien? Kennst du noch andere? f. Ja, ich kenne die Thermen von Caracalla (= le Terme di Caracalla) in Rom. Auch hier gibt es Opernaufführungen und Konzerte. Aber Freilichtbühnen findest du viele in Italien.

7 Bilden Sie Sätze nach dem Muster:

L'Arena è uno dei teatri più importanti.

| Andare al cinema Il Bardolino Il Colosseo Il Duomo L'Aida L'«Arena» Il Piccolo Teatro La Piazza delle Erbe Verona | è **?** | dei delle | chiese più antiche di Verona. città più belle del Veneto. giornali più venduti a Verona. miei divertimenti preferiti. monumenti più belli di Roma. opere più famose di Verdi. piazze più belle di Verona. teatri più famosi di Milano. vini migliori d'Italia. |

a Hören Sie zunächst folgenden Dialog und lesen Sie mit: ꝺꝺ

- Ciao Paola! Allora, hai già parlato con tuo marito?
- Sì, gli ho appena parlato e mi ha detto che stasera resta a casa lui con i bambini.
- L'ho sempre detto io che hai un tesoro di marito! Allora telefono io per i biglietti, va bene?
- Oh, grazie, Giuliana! Mi fai proprio un favore! Io devo sbrigare ancora moltissime cose qui in ufficio.
- Chissà se la cassa della Scala è già aperta a quest'ora!
- Ma certo! Aprono alle quattro.
- Senti, e se non ci sono più posti per stasera, che facciamo? Li prenoto per domani sera?
- No, perché domani sera Giorgio non può tenermi i bambini, deve andare al giornale già alle sette. Tu, comunque, cerca di trovarli per stasera, d'accordo?
- Fra dieci minuti ti ritelefono, va bene?
- Sì grazie! Tu fino a che ora rimani in ufficio oggi?
- Fino alle sei, credo. Ci sentiamo più tardi, eh?
- Sì, ciao!

b Lesen Sie nun die Zusammenfassung des Dialogs und unterstreichen Sie dabei alle Sätze, die der Textaussage nicht entsprechen oder aus dem Text nicht hervorgehen:

Paola e Giuliana sono due amiche che abitano a Milano. Paola ha marito e figli, Giuliana invece è sposata, ma non ha figli. Le due amiche lavorano, ma non nello stesso ufficio. Il marito di Paola si chiama Giorgio e la sua professione è quella di venditore di giornali. Per questa sua professione è molto occupato e tutte le sere deve andare a lavorare alle sette.
Stasera Paola e Giuliana vogliono andare a vedere «Romeo e Giulietta» di Shakespeare. Alle undici si telefonano per mettersi d'accordo e per prenotare i biglietti. Giuliana può andare a teatro solo stasera, perché domani sera deve andare al cinema con un giornalista. È Giuliana che telefona alla biglietteria del teatro perché lei ha più tempo di Paola, e vuole ritelefonarle dopo le sei per dirle se ha trovato i posti o no.

Lezione quindicesima   113

9 Bitte übersetzen Sie:

- Guten Tag! Haben Sie noch Karten für die Aufführung von heute abend?
- Ja, ich habe noch einige, aber nur im 2. Rang[1].
- Das macht nichts!
- Und wieviel möchten Sie haben?
- Drei Stück[2], bitte!
- Ja, gut! Und auf welchen Namen[3], bitte?
- Becchi! Claudia Becchi.
- In Ordnung, Frau Becchi!
- Und sagen Sie mal, bis wann kann ich die Karten abholen?
- Bis acht Uhr, aber nicht später, bitte!
- Oh je! Wie machen wir das jetzt! Aber die Aufführung fängt doch erst um halb neun an, nicht wahr?
- Ganz recht! Aber die vorbestellten Karten müssen Sie schon um 8 Uhr abholen[4].
- Na ja, dann muß ich meinen Freund bitten[5], daß er die Karten abholt. Er heißt Bocchi.
- Geht in Ordnung! Auf Wiederhören[6], Frau Becchi!

---

[1] Galleria   [2] Stück = bleibt entweder unübersetzt oder kann mit „Karten" wiedergegeben werden   [3] Ihr Name, bitte?   [4] für die vorbestellten Karten muß man schon um 8 Uhr kommen   [5] fragen, die Karten abzuholen   [6] Guten Abend.

114   Lezione quindicesima

Lezione sedicesima   16

1a **Domenica di luglio a «Boffalora-Beach»: come al mare in un angolo di Ticino** ⚏

Abbiamo seguito i milanesi che la domenica cercano un posto fresco, non lontano dalla città:

Milano, 12. Il mare è lontano dalla città, ma con un po' di fantasia si può ricostruire il clima e l'atmosfera di una famosa spiaggia dell'Adriatico. Ecco un esempio: Boffalora sul Ticino, a mezz'ora di macchina dal centro di Milano. È una delle mete domenicali[1] per quei milanesi che cercano un po' di fresco fuori città, ma non vogliono spendere molto: la benzina e le autostrade sono care e non tutti possono andare ogni domenica ai laghi o al mare. Boffalora – o Boffalora-Beach, come la chiamano con molta ironia i milanesi – è una spiaggia, con poca sabbia, lunga quasi un chilometro, sull'acqua fredda, ma ancora pulita[2] del Ticino.

Ferruccio Rossi, tranviere, anni 43
«Mia moglie e i bambini sono in vacanza con la roulotte in un campeggio qui vicino. Ogni sera arrivo anch'io da Milano. Mia moglie, durante la settimana, viene qui a Boffalora e dice che non c'è quasi mai nessuno. Ma la domenica! Già alle sette, dalla periferia di Milano a qui, c'è una fila lunghissima di macchine. Vengono qui perché c'è il fiume[3], un po' di verde e

Domenica di luglio a Boffalora Beach

il posto per la macchina. Adesso hanno aperto, qui vicino, anche due ristoranti. Ma quasi tutti si portano il mangiare da casa.»

Anna Brambilla, operaia all'«Alfa Romeo», anni 39

«La domenica preferisco venire qui. Come si fa a restare in città con questo caldo e con i bambini tutto il giorno in casa! Dov'è che possiamo portarli? Qui, almeno, sono all'aria, in costume, liberi e senza pericoli[4].»

Paolo Segrate, maestro elementare[5], anni 35

«La gente viene qui perché almeno la domenica vuole dimenticare il lavoro, la città e il traffico. Ma è strano, non cerca tutto questo in un luogo tranquillo, preferisce andare in un posto dove uno sa di non essere solo. E viene a Boffalora. Anche qui c'è confusione come in città, ma è un'altra confusione: all'aria aperta con il sole, il verde, la possibilità di fare il bagno, con la famiglia o con gli amici».

Adalgisa Chiellino, casalinga, anni 48

«L'unico problema è il pranzo. Devo preparare tutto venerdì o sabato, o alzarmi prestissimo la domenica. Di solito faccio le lasagne per tutti e portiamo la carne per il grill. Ci portiamo i tavolini e le sedie da campeggio e mangiamo tutti insieme: mio marito, il fratello di mio marito con la sua famiglia, mio padre e mia madre, e alcuni nostri amici. Noi veniamo qui a Boffalora già da tre anni tutte le domeniche di giugno e di luglio. In agosto andiamo in Calabria dai genitori di mio marito.»

Annamaria Lelli, segretaria, anni 21

«L'acqua del Ticino è troppo fredda per me. Preferisco il mare. Vengo qui con il mio ragazzo ed altri amici per prendere un po' di sole. In agosto andiamo tutti insieme al mare.»

1b Richtig oder falsch?

		vero	falso
a.	Boffalora si trova sul fiume Ticino.	○	○
b.	Non è molto lontana da Milano.	○	○
c.	Di domenica è un posto molto tranquillo.	○	○
d.	Boffalora-Beach è una spiaggia per la high-society milanese.	○	○
e.	Nel Ticino non si può fare il bagno.	○	○
f.	I ristoranti di Boffalora sono famosi per le lasagne.	○	○
g.	La gente va a B. per passare una domenica in compagnia.	○	○
h.	L'unico problema è trovare un posto per la macchina.	○	○

---

[1] sonntäglich   [2] sauber   [3] Fluß   [4] Gefahren   [5] Volks-/Grundschullehrer

1c Beantworten Sie die Fragen:

    a. Che cosa cercano i milanesi la domenica?
    b. Perché non si spende molto se si va a Boffalora?
    c. Perché le famiglie che hanno bambini vengono volentieri qui?
    d. Perché non tutti fanno il bagno nel Ticino?
    e. Perché la confusione che c'è a Boffalora non è come quella di Milano?
    f. Quelli che non vanno al ristorante, cosa fanno per il pranzo?
    g. Perché non tutti i milanesi possono andare ogni domenica ai laghi o al mare?

2 Bilden Sie Sätze nach dem Modell:

Vado al mare.

Vado	**?**	campagna, cinema, genitori di mio marito, letto, mercato, miei amici, montagna, teatro, ufficio, vacanza

3 Sie hören kurze Dialoge und lesen zu jedem Dialog einen Satz, bei dem Sie angeben müssen, ob er dem Dialoginhalt entspricht oder nicht (vero/falso): ◠◡

a. _____
    Oggi il tempo non è bello, perché non c'è il sole. v◯ f◯

b. _____
    Per il momento Sandra non ha voglia di mangiare. v⊗ f⊗

c. _____
    Pierino deve ancora mangiare. v◯ f⊗

d. _____
    Carla legge l'Espresso di questa settimana. v⊗ f◯

e. _____
    Il bambino non vuole mettersi il salvagente. v⊗ f◯

f. _____
    L'acqua oggi non è molto calda. v◯ f◯ *mica*

g. _____
    Oggi è domenica. v◯ f⊗

h. _____

I due si trovano al mercato per comprare del pesce.   v ◯   f ⊗

4   Bitte übersetzen Sie:

a. Gestern abend seid ihr in der Oper gewesen, nicht wahr? b. Was habt ihr gesehen? c. Die letzte Oper von Zimmermann. Ein ganz modernes Stück. d. Hat sie euch gefallen? e. Mir hat sie sehr gut gefallen, aber meinem Mann nicht. f. Was hat ihm nicht gefallen? g. Ihm gefielen (= haben gefallen) die Stimmen der Sänger nicht. h. Wieso? Haben sie nicht gut gesungen? i. Doch, für mich schon. Aber mein Mann mag keine modernen Opern (meinem Mann gefallen nicht die …).

5   Diktat ꝏ

I «Laghi Italiani»: queste _____ parole aprono la _____ ad un mondo _____ fatto di _____ azzurre ai piedi di verdi _____, barche _____, piccole isole, ville, giardini a _____. La regione dei laghi va _____ Piemonte al Veneto _____ alla Svizzera. _____ i laghi di Orta e di Varese, il lago Maggiore, il lago di Como, il lago di Lugano, il lago d'Iseo e il lago di Garda. Questi laghi, _____ anche «laghi lombardi», _____ un grande _____ perché il loro _____ ha un _____ alpino e mediterraneo nello _____ tempo. Di tutti _____ laghi il maggiore, cioè quello più grande, _____ il lago di Garda – e non il lago Maggiore.

6a   Lesen Sie zunächst den folgenden Text:

Quando si parla dell' «Italia vacanziera e festaiola» si vuole parlare di quegli italiani che prendono ogni occasione buona per andare in vacanza o fare festa. Non si deve per questo credere che tutti gli italiani sono «vacanzieri e festaioli»; infatti, secondo una statistica del 1976, più del 35% degli italiani non è mai andato in vacanza e non sa cosa sono le vacanze. Questa ragazza siciliana può essere un esempio:

– Mi chiamo Rosa e ho diciassette anni. Sono già cinque anni che lavoro qui, perché ho cominciato a dodici anni. Vengo qui da novembre a maggio. Durante gli altri mesi lavoro a casa, faccio i servizi di casa.
– Questo lavoro ti piace?
– Sì e no! Non c'è divertimento mentre si lavora.

– Lo trovi difficile come lavoro?
– No, non difficile, è sempre la stessa cosa, devo dividere[1] le arance, quelle grandi da quelle piccole.
– Quante ore lavori al giorno?
– Possono essere due ore, tre ore, quattro ore, secondo il lavoro che si deve fare.
– Quanto prendi al mese?
– Secondo il lavoro che si fa, possono essere centomila, ottanta, novanta, anche centodieci qualche volta.
– Che cosa fai con i soldi che prendi?
– Li do a mia madre.
– Quanti figli siete a casa?
– Sette. Un fratello è più piccolo di me e gli altri sono tutti più grandi.
– Pensi di continuare questo lavoro anche dopo sposata?
– Veramente no, perché con questo lavoro si deve lasciare il marito solo per cinque o sei mesi …
– E se aprono una fabbrica al tuo paese?
– Sì, allora sì, non c'è problema, ma restare fuori casa per cinque o sei mesi non è bello.

(Da: Gabriella Parca, *Plusvalore femminile*. Milano, Mondadori 1978.)

b Beantworten Sie nun die Fragen:

a. Che lavoro fa Rosa?
b. In quali mesi lavora?
c. Perché non lavora tutto l'anno?
d. Perché non vorrebbe continuare questo lavoro anche dopo sposata?
e. Secondo Lei, perché Rosa ha cominciato a lavorare a 12 anni?
f. Il lavoro di Rosa è un «lavoro stagionale». Da che cosa si capisce?
g. Per 5 o 6 mesi all'anno Rosa non abita dai suoi genitori. Da che cosa si può capire?

---

[1] sortieren

7 Bitte übersetzen Sie:

Murano, 25. Juli 1979

Sehr geehrter Herr Schmidt,

Ihr Brief vom 22. Juli 1979 ist soeben eingetroffen[1], und ich möchte Ihnen sofort eine Antwort geben. In Ihrem Brief fragen Sie, ob es möglich ist, unsere Glasfabrik[2] zu besichtigen. Wir freuen uns immer über den Besuch von ausländischen Kollegen[3], aber gerade in den Tagen vom 13. bis 19. August haben wir Betriebsferien[4]. In dieser Woche schließen auch alle anderen Fabriken hier in Murano. Ab 21. August ist unsere Fabrik wieder offen. Wenn Sie Ihre Reisepläne nicht mehr ändern können, besuchen Sie uns zumindest in unserem Geschäft am Markusplatz. Das Geschäft bleibt den ganzen Monat August offen. Aus Ihrem Brief entnehme[5] ich, daß Sie sich schon seit vielen Jahren mit der Glaskunst[6] beschäftigen[7]. Ich möchte Sie deshalb davon in Kenntnis setzen[8], daß wir in Murano ein "Museo di arte vetraria" haben, das eine in der Welt einzigartige Kollektion[9] der Glaskunst vom Altertum[10] bis zu unseren Tagen enthält. Versäumen Sie nicht die Gelegenheit eines Museumbesuches[11], wenn Sie nach Venedig kommen.

Mit freundlichen Grüßen

Guido Venini

---

[1] gerade angekommen [2] vetrerìa [3] wir sind zufrieden mit dem Besuch ... [4] wir sind geschlossen wegen Ferien [5] ich verstehe [6] arte vetrària [7] occuparsi di [8] informieren [9] la collezione [10] l'antichità [11] das Museum zu besuchen

120 Lezione sedicesima

Lezione diciassettesima   17

1 a   **Anche in vacanza può accadere che ...** ᴏͻ

- Pronto, Carla? Ti telefono per dirti che oggi non posso venire alla spiaggia.
- Come mai, Ingrid? Non ti senti bene?
- Io sì, ma è Peter che ha la febbre a 38 ...
- Oh, mi dispiace! Ma come mai?
- Già ieri sera ha cominciato a non sentirsi bene. Senti, io vorrei chiamare un medico, ne conosci uno?
- Sì, il dottor Marchi che è venuto anche un paio di volte per Marina. Ti do il numero, è 796976. Telefonagli subito e poi fammi sapere che cosa ti ha detto, eh! Se ti serve qualcosa, dammi un colpo di telefono[1].
- Sì, grazie, Carla.

- Pronto?
- Parlo con il dottor Marchi?
- Sì, al telefono. Chi parla?
- Sono la signora Franken ... mi scusi, dottore, se La disturbo. Sono qui in vacanza e una mia amica, la signora Ferri, mi ha dato il Suo numero.
- Che cosa posso fare per Lei, signora?
- Il mio bambino da stamattina ha 38 di febbre.
- Ha solo febbre o anche altri sintomi[2]?
- Ha la gola molto arrossata e un po' di raffreddore[3].
- Quanti anni ha Suo figlio, signora?
- Cinque!
- Allora, guardi, passo a visitarlo oggi a mezzogiorno dopo l'ambulatorio. Lei intanto vada in farmacia e si faccia dare delle supposte di «Uniplus».
- Senza ricetta?
- Dica di aver parlato con me e che la porta oggi pomeriggio.
  Al bambino gli metta subito una supposta e lo faccia stare a letto, mi raccomando.
- Grazie mille, dottore.

---

[1] il colpo = Schlag (*hier:* „kurz anrufen")   [2] Symptome   [3] Schnupfen

– Mi dia il Suo indirizzo, signora!
– Lungomare Nettuno 19, quarto piano.
– Bene, signora, a più tardi, arrivederla.
– Arrivederla, dottore, e grazie!

1b Richtig oder falsch?   vero falso

   a. Carla e Ingrid sono due amiche che si trovano al mare. ◯ ◯
   b. Ingrid ha un bambino che si chiama Peter. ◯ ◯
   c. Peter è malato da una settimana. ◯ ◯
   d. Ingrid va in ambulatorio dal dottor Marchi. ◯ ◯
   e. Il medico oggi non può visitare il bambino. ◯ ◯
   f. Il bambino ha la febbre, mal di gola e raffreddore. ◯ ◯
   g. Il medico ordina delle supposte. ◯ ◯
   h. Ingrid non può andare a prendere le supposte senza ricetta. ◯ ◯

1c Antworten Sie auf die Fragen:

   a. Perché Ingrid oggi non può andare alla spiaggia?
   b. Perché Ingrid telefona al dottor Marchi e non a un altro medico?
   c. Che disturbi ha il bambino?
   d. Perché il medico non va subito a casa di Ingrid?
   e. Che cosa deve fare intanto Ingrid?
   f. Che cosa deve dire Ingrid in farmacia?
   g. Quanti anni ha il bambino?
   h. Perché il medico si fa dare l'indirizzo?

2 Nachdem Frau Franken mit dem Arzt gesprochen hat, ruft sie Carla an. Erzählen Sie den Inhalt des Telefongesprächs in der ich-Form nach folgenden Angaben:

   a. Sie habe gerade Herrn Dr. Marchi angerufen und ihm gesagt, sie habe seine Telefonnummer von ihr (= Carla) bekommen.
   b. Herr Dr. Marchi sei sehr freundlich zu ihr gewesen und habe sie sofort nach den Krankheitssymptomen des Kindes gefragt.
   c. Sie habe ihm erzählt, daß das Kind sich schon seit gestern abend nicht wohl fühle, Fieber und Halsschmerzen habe und etwas verschnupft sei.
   d. Er habe ihr empfohlen, sofort in die Apotheke zu gehen, um «Uniplus»-Zäpfchen zu kaufen; Dr. Marchi könne das Kind erst in der Mittagszeit gleich nach Praxisschluß untersuchen.

e. Sie habe schon die Medikamente besorgt und dem Kind sofort ein Zäpfchen gegeben.

f. Sie sei sehr besorgt wegen der Krankheit des Kindes: das Fieber sei schon auf $38^{1}/_{2}$ gestiegen.

3 Ordnen Sie jedem Bild den passenden Dialog zu:

a.

b.

c.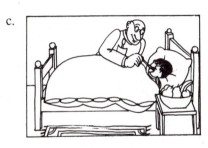

d.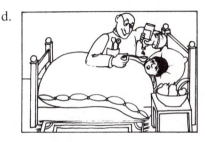

1. – Adesso ti do una buona medicina.
   – Che cos'è che è quella roba lì?
   – Sono delle gocce. Ne devi prendere 20 tre volte al giorno.

2. – Devi restare buono buono a letto.
   – Ma non sono malato, mamma!
   – Purtroppo sì! Hai la febbre a 38. Adesso chiamo il dottore.

3. – Perché Dino non c'è oggi?
   – Forse perché è malato.
   – Come lo sai?
   – Già ieri ha cominciato a sentirsi poco bene.

4. – Fammi vedere la gola. Ti fa male qui?
   – Un pochino, ma non tanto.
   – C'è anche la lingua che non è molto pulita. Hai l'influenza.

4 Erzählen Sie die Geschichte jetzt in der richtigen Bilderfolge (a.–d.) mit eigenen Worten.

5a Che giorno è oggi? Oggi è giovedì, domani è venerdì …
E se oggi è venerdì, o lunedì …?

3 giorni fa	ieri l'altro	ieri	OGGI	domani	dopodomani	fra 3 giorni
lunedì	martedì	mercoledì	giovedì	venerdì	sabato	domenica

5b Vervollständigen Sie den Dialog:

Alle 10 di domenica mattina suona il telefono.
– Ciao Giuliana! Hai voglia di venire al cinema con me stasera?
– Mi dispiace, Gino, ma stasera non posso, perché _____
– E domani?
– _____
– E dopodomani?
– _____
– Giovedì sei libera?
– _____
– E per venerdì che progetti hai?
– _____
– E sabato, ti va?
– _____

7 Dom *Invito a cena da Maria ore 20.30*

8 Lun *Opera (Le nozze di Figaro)*

9 Mar *A Venezia x Biennale con Maria + Giorgio*

10 Mer *partenza: Mart.10.30 arrivo: Mer. 23.45*

11 Gio *Appuntamento Claudia ore 21.00, caffè Biffi*

12 Ven *Cinema / Pasolini "Teorema"*

13 Sab *?*

6a Servizio a domicilio
Hören Sie zunächst folgenden Dialog an: ꞏꞏ

_____

_____

Hören Sie jetzt den Dialog noch einmal und beantworten Sie die Fragen: ꞏꞏ

a. Il signor Pulignano non dice: «In che cosa posso servirLa?», ma dice: «In che cosa posso *aiutarla*?»

b. La signora Franken non dice: «Niente di particolare, spero», ma dice: «Niente di *grave*, spero».

c. La signora Franken non può andare a fare la spesa perché … 1. aspetta

124   Lezione diciassettesima

il medico. 2. deve fare attenzione al bambino. 3. il bambino non vuole rimanere da solo.

d. Il signor Pulignano non dice: «No, signora, purtroppo sono finite», ma dice: «No, signora, purtroppo _non che più_

e. La signora Franken non domanda: «Quando può venire il commesso?», ma dice: «_____ può venire il commesso?»

f. La signora Franken non dice: «Mi porti il conto, signor Pulignano!», ma dice: «_dimentico_ il conto, signor Pulignano!»

b Beantworten Sie nun die Fragen:

a. Perché la signora Franken non può uscire a fare la spesa?

b. La signora Franken è stata nel negozio del signor Pulignano anche ieri? Che cosa ha comprato?

c. A che ora può mandarle la spesa il signor Pulignano?

d. Che frutta compra la signora Franken?

c Anche la signora Pulignano lavora in negozio con suo marito. Vuole sapere chi ha telefonato.

Rekonstruieren Sie den Dialog zwischen Frau und Herrn Pulignano:

Signora Pulignano: Chi è che ha telefonato?

Marito: _____

_____

7 Bitte übersetzen Sie:

– Was fehlt Ihnen[1], Herr Klein?

– Ich weiß es nicht genau[2], ich habe merkwürdige Beschwerden (Symptome).

– Was denn zum Beispiel?

– ✗Appetitlosigkeit[3], z.B.! Seit einer Woche esse ich ganz wenig und was[4] ich esse, schmeckt[5] mir nicht.

– Und was fühlen Sie[6] noch?

_____

[1] welche Störungen haben Sie   [2] eigentlich   [3] ich habe keinen Appetit   [4] quello che   [5] gefällt   [6] fühlen Sie sich noch   [7] wenn ich aufstehe   [8] in den Beinen = alle gambe   [9] il fegato   [10] ingrossato   [11] alcool   [12] wenn ich esse   [13] il sangue   [14] abnehmen = nehmen   [15] Schweres

non mi va di mangiare

Lezione diciassettesima   125

- Müde bin ich, immer müde, schon beim Aufstehen[7].
- Haben Sie auch Schmerzen?
- Ja, manchmal in[8] den Beinen.
- Ziehen Sie sich bitte aus! … Ja, Ihre Leber[9] ist etwas geschwollen[10]. Haben Sie schon etwas an der Leber gehabt?
- Nee, eigentlich nicht.
- Trinken Sie viel Alkohol[11]?
- Nein, ein Glas Wein vielleicht beim Essen[12]. Cognac und Whisky niemals, oder fast nie.
- Gut, dann nehme ich Ihnen etwas Blut[13] ab[14] und morgen kann ich Ihnen sagen, was Ihnen fehlt.
- Habe ich etwas Schlimmes[15], Herr Doktor?
- Das weiß ich noch nicht; warten Sie bitte bis morgen.

8 Ingrid hat einen Brief an ihre italienische Freundin geschrieben. Leider hat Peter einige Kleckse mit dem Filzstift darauf gemacht. Setzen Sie die unleserlichen Wörter in der rechten Spalte ein:

Lezione diciottesima   18

a   In città o in campagna?

Le grandi città italiane sono dei centri molto importanti per l'economia e la cultura del paese, ma per molti oggi sono delle metropoli[1] dove non è più possibile abitare. Così molti le lasciano per abitare in campagna o in periferia.

«Vivere[2] in una grande città come Milano non è certamente facile: non c'è abbastanza verde, c'è tanto traffico e molto rumore[3] e ci sono mille altri problemi di ogni giorno. Ma ci sono anche molti vantaggi[4], non dimentichiamolo! Si dice che vivere in mezzo al[5] verde è più bello e che fa bene alla salute[6]. Ma questa è una vera alternativa alla vita in città? Io credo di no. La vita di provincia io la conosco perché fino a 25 anni ho abitato in una piccola città della Lombardia; in provincia la gente ha una mentalità molto ristretta[7] e vive lontano dai veri problemi.»

«Fra un mese lasciamo Milano e andiamo ad abitare a Gorgonzola, una piccola città di provincia, non lontana da qui. Ho sempre abitato in una grande città – prima a Palermo e poi qui a Milano – ma adesso qui non potrei più vivere: troppo caos, la vita è troppo cara, si perde troppo tempo per andare da un punto all'altro della città. I nostri amici non li abbiamo più visti da mesi: né noi né loro abbiamo il tempo di incontrarci. In provincia la vita è più tranquilla. Per il lavoro non ci sono problemi: mio marito ed io possiamo venire comodamente in ufficio a Milano con la metropolitana.»

«Da due anni abitiamo a Palestrina, una piccola città a circa 30 chilometri da Roma. Mio marito ha voluto lasciare la capitale[8] per abitare qui in campagna. Ogni giorno deve andare a lavorare a Roma, ma lo fa volentieri, perché dopo una giornata di lavoro, qui trova il verde e la tranquillità. Per me invece è un grande problema: sono casalinga e qui mi sento sola. In città, una donna che non va a lavorare ha almeno la possibilità di andare in centro, al cinema o che so io; anche solo uscire per andare a fare la spesa è un divertimento in città. Ma qui non c'è niente, niente di niente! Sì, qualche volta i nostri amici di Roma vengono a trovarci, ma poi ritornano a casa loro ed è tutto come prima. E questo mio marito non lo capisce.»

1b Richtig oder falsch?
vero falso

a. Le grandi città non offrono tante possibilità di lavoro come la provincia. ○ ○
b. Molti lasciano le città per il traffico e i rumori. ○ ○
c. Alcuni abitano in campagna e lavorano in città. ○ ○
d. Le grandi città hanno molto verde. ○ ○
e. La provincia non offre tanti divertimenti come la città. ○ ○
f. A Milano si perde molto tempo per andare da un punto all'altro della città perché non c'è ancora la metropolitana. ○ ○
g. Gorgonzola è una piccola città in provincia di Roma. ○ ○

1c Beantworten Sie die Fragen:

a. Perché molti prefersicono abitare in campagna?
b. Che vantaggi offrono le metropoli?

---

[1] la metròpoli   [2] leben   [3] il rumore = Lärm   [4] il vantaggio = Vorteil   [5] mitten im   [6] Gesundheit   [7] beschränkt, engstirnig   [8] Hauptstadt

128   Lezione diciottesima

c. Perché la vita in provincia è più tranquilla?

d. Che cosa preferisce Lei? La città o la campagna? Perché?

e. Che cosa si potrebbe fare per vivere meglio in città?

f. Che cosa Le farebbe più piacere: vivere in città vicino al Suo posto di lavoro o vivere in mezzo al verde e fare 60 km. al giorno per andare a lavorare?

2 Ergänzen Sie die folgenden Sätze mit *a, da, di* – mit oder ohne Artikel – *fa, fra, in, per:*

Ieri sera siamo stati _____ Cinquetti. Sono _____ nostri amici _____ Venezia. Li abbiamo conosciuti _____ un viaggio _____ Parigi. Anche loro _____ questi giorni sono soli _____ casa, perché i loro figli sono _____ giro _____ la Francia e ritornano _____ vacanze _____ una settimana. I Cinquetti abitano vicino _____ stadio, _____ cinque minuti _____ Piazza Giustiniano; _____ casa nostra sono solo dieci minuti _____ piedi. Siamo stati molto contenti _____ rivederli. Ci siamo visti l'ultima volta quasi tre mesi _____, quando sono venuti _____ noi _____ campagna. Ieri sera abbiamo mangiato molto bene: ci hanno preparato _____ ottimi tortellini. Sai? La signora Cinquetti è _____ Bologna e _____ cucina è bravissima. Siamo rimasti _____ loro quasi fino _____ due e stamattina ci siamo alzati, come sempre, _____ sette e mezza. Per questo adesso ho mal _____ testa e mi sento stanchissima. Stasera però voglio andare _____ letto subito dopo cena.

3a C'è chi può e chi non può ...

Lesen Sie zunächst die folgenden beiden Texte:

a. Anche l'ex-presidente della Repubblica, Giovanni Leone, ama il verde e la tranquillità della campagna. È un uomo di buon gusto, non c'è che dire! Infatti, a pochi chilometri da Roma, sulla via Cassia, l'ex-presidente si è fatto costruire una villa di 39 stanze. Non dimentichiamo che Giovanni Leone e sua moglie, Donna Vittoria, hanno tre figli. Secondo alcuni giornalisti la villa è costata almeno due miliardi di lire. Questi giornalisti dicono anche che il presidente Leone, negli ultimi anni al centro di moltissimi scandali (scandalo Lockheed, per esempio), le tasse[1] non le ha pagate. Leone non è certo l'unico cittadino italiano che non ha pagato

Lezione diciottesima 129

le tasse, ma per essere il «primo» cittadino d'Italia che deve dare il buon esempio, la cosa è abbastanza dolorosa. Eh sì! Come è vero che c'è chi può e chi non può ... costruirsi la villa in campagna, è anche vero che c'è chi deve e chi non deve ... pagare le tasse. In Italia c'è, intanto, un nuovo presidente ...

(Da: Camilla Cederna, *Giovanni Leone. La carriera di un presidente.* Milano, Feltrinelli 1978)

▲ La villa dell'ex-presidente italiano Giovanni Leone

▼ La Magliana, un quartiere proletario alla periferia di Roma

b. Siamo alla Magliana, un quartiere proletario alla periferia di Roma. Solo chi l'ha visto, può capire quali sono qui le condizioni di vita. Sul «Messaggero» del 10 novembre 1976 si legge: «Ieri sera 220 famiglie hanno occupato alla Magliana 246 appartamenti. Perché li hanno occupati? Che cosa vogliono?»
La storia comincia nel lontano 1965, quando anche qui arriva la speculazione privata. In 10 anni circa sono stati costruiti 7.800 appartamenti[2] per 30.000 cittadini. Per tutte queste persone non ci sono abbastanza giardini per l'infanzia[3], e nemmeno scuole, ospedali, strade; mancano completamente il verde pubblico, i parcheggi, gli ambulatori e il mercato. Le condizioni igieniche sono poi gravissime perché mancano le fogne comunali[4]. E per tutto quello che non hanno, gli abitanti di questo quartiere devono pagare molto spesso degli affitti[5] altissimi.

(Da: *La Magliana. Vita e lotte di un quartiere proletario*. A cura del Comitato di quartiere. Milano, Feltrinelli 1977.)

b Aufgaben zum mündlichen und schriftlichen Ausdruck:

a. Fassen Sie den Inhalt der zwei Stücke mündlich zusammen.

b. Schreiben Sie einen kurzen Leserbrief an die Tageszeitung «Repubblica», in dem Sie als Steuerzahler Ihren Ärger über den Fall Leone ausdrücken.

c. Seit 5 Jahren wohnen Sie im Viertel «La Magliana». Am 10. November 76 lesen Sie die obenerwähnte Schlagzeile in der Tageszeitung «Il Messaggero». Schreiben Sie an die Redaktion der Zeitung einen kurzen Brief mit folgendem Inhalt:
1. Erklären Sie, warum Sie, zusammen mit den anderen Familien, an der Aktion teilgenommen haben.
2. Schreiben Sie, daß Sie nicht verstehen können, warum die Stadt seit Jahren nichts unternimmt.
3. Bringen Sie Ihre Verwunderung darüber zum Ausdruck, daß eine Zeitung wie «Il Messaggero» solche Fragen überhaupt stellen kann. Laden Sie die Herren der Redaktion zu sich nach Hause ein, damit sie sich an Ort und Stelle von den Lebensbedingungen der Bewohner überzeugen können.

---

[1] Steuern [2] Wohnungen [3] Kindergärten [4] Kanalisation [5] Mieten

Lezione diciottesima 131

4 Sie hören acht kurze Gespräche. Lesen Sie im Anschluß an jeden Dialog die gedruckte Aussage dazu und geben Sie an, ob sie falsch (f) oder richtig (v) ist. ꝏ

a. _____

_____

Giovanna conosce solo la signora Bianchi.   v◯ f◯

b. _____

_____

Il signore si trova per la strada.   v◯ f⊗

c. _____

_____

La signorina non accetta l'offerta.   v◯ f⊗

d. _____

_____

Il signore ha dato la mancia al cameriere.   v⊗ f◯

e. _____

_____

Le due signore si danno del tu.   v◯ f⊗

f. _____

_____

Al marito non piace il vestito della moglie.   v⊗ f◯

g. _____

_____

Non possono accettare l'invito per impegni di lavoro.   v◯ f◯

h. _____

_____

Il nuovo numero di telefono è 61-20-19.   v◯ f⊗

5a Lesen Sie folgende Sprichwörter (= il proverbio):

1. Aspettare e non venire, essere a letto e non dormire, è una cosa da morire[1].
2. Il mondo è fatto a scale, chi le scende e chi le sale.
3. Molto sa chi sa, ma più sa chi tacer[2] sa.
4. È meglio un buon amico che cento parenti.

132   Lezione diciottesima

5. Paese che vai, usanze che trovi.

6. Uovo di un'ora, pane di un giorno, vino di un anno, donna di venti, amico di trenta.

7. Insalata ben salata, poco aceto[3] e ben oliata.

b Rispondete alle domande:

a. Che cosa vogliono dire questi proverbi?
b. Quale di questi proverbi Le piace di più?
c. Con quale (o quali) di questi proverbi Lei non è d'accordo? Perché?
d. Ci sono questi proverbi anche in tedesco?
e. Quale (o quali) di questi proverbi potrebbe avere anche un significato (= Bedeutung) politico? Perché?

6 Hören Sie zuerst den folgenden Dialog aufmerksam an: ꝺ

Lesen Sie nun die Zusammenfassung des Dialogs und unterstreichen Sie alle Angaben, die entweder nicht wahrheitsgemäß sind oder aus dem Dialog nicht hervorgehen:

Gianni e Paolo si incontrano al bar. Non si sono più visti da una settimana. Gianni è solo in città perché Anna, sua moglie, è al mare con le bambine, ma anche lui, fra due settimane, ha intenzione di andare al mare. Paolo e Marisa invece hanno già fatto le loro vacanze; sono stati in montagna dai genitori di Marisa. Purtroppo non si sono divertiti molto perché Anna ha avuto l'influenza.

Proprio giovedì della settimana scorsa Paolo e Marisa hanno cercato di telefonare a Anna e Paolo, ma nessuno gli ha risposto. Paolo invita Gianni a cena, ma per dopodomani, perché domani sera lui e Marisa sono occupati. Gianni accetta l'invito anche perché vorrebbe rivedere gli amici.

7 **Dillo con le mani!**

Quando siete in Italia e parlate con un italiano, o vedete degli italiani che parlano fra di loro, non fate attenzione solo alle parole, ma anche a quello che dicono con le mani. Vi è già accaduto di vedere qualche gesto particolare? Che cosa, per esempio?

---

[1] sterben   [2] tacere = schweigen   [3] Essig

Lezione diciottesima   133

▲ Non è d'accordo con i comunisti
◀ Il simbolo femminista

Sportivi allo stadio ▶
La protesta degli autonomi ▼

Il simbolo
di liberazione
▼ omosessuale

8 Bitte übersetzen Sie:

Martina und Bruno haben Anita und Walter zum Abendessen eingeladen. Martina hat einen Kalbsbraten mit gebackenen Kartoffeln und einen schönen gemischten Salat zubereitet.
- Bist du fertig? Es ist schon acht Uhr.
- Haben wir nichts vergessen? Stehen[1] die Gläser auf dem Tisch?
- Ja, alles ist da. Hol doch bitte die Zigaretten. Die liegen[2] in der Küche.
- So, jetzt können sie kommen.
- Mach mal das Radio an und such' etwas Musik! Ich mache[3] dir inzwischen einen Aperitif, willst du?
- Wie spät ist es jetzt? Schon viertel nach neun?
- Aber, hör mal, für wann hast du sie eingeladen?
- Für heute, Sonntag, halb neun.
- Das[4] verstehe ich nicht. Vielleicht haben sie die Einladung vergessen.
- Unmöglich[5]. Gerade gestern abend habe ich Anita angerufen! Ich freue mich schon auf morgen[6], hat sie mir gesagt.
- Wie lange wollen wir noch warten? Ruf sie mal an!
- Ja, mache ich[7]. Niemand da. Sie sind nicht zu Hause.
- Na schön. Fangen wir an[8]!

Um elf Uhr klingelt das Telefon.
- Hallo, Anita, wo seid ihr denn? Wir haben den ganzen Abend auf euch gewartet. Um halb zehn haben wir angerufen, aber es hat sich niemand gemeldet[9]. Und da haben wir gedacht, ihr kommt nicht mehr, und haben gegessen[10].
- Es tut uns schrecklich[11] leid, Martina. Ihr müßt uns entschuldigen, aber wir konnten[12] leider nicht kommen. Meine Eltern sind heute morgen gekommen und wir haben einen Ausflug nach Bozen gemacht und wir haben furchtbar viel Zeit wegen des Sonntagsverkehrs[13] verloren. Wir sind gerade jetzt nach Haus gekommen.
- Habt ihr schon zu Abend gegessen?
- Nein, noch nicht.
- Schön, dann kommt mal sofort her!

---

[1] sind   [2] sind   [3] vorbereite   [4] unübersetzt   [5] es ist nicht möglich   [6] ich bin zufrieden morgen zu euch zu kommen   [7] jetzt mach ich es   [8] fangen wir an zu essen   [9] geantwortet   [10] zu abend gegessen   [11] sehr   [12] haben nicht gekonnt   [13] traffico festivo

Lezione diciottesima   135

Lezione diciannovesima   19

1a Parrucchiere sì o parrucchiere no?

Si dice che gli italiani curano[1] molto l'estetica. È proprio vero? Secondo una statistica, uscita poco tempo fa, soltanto un terzo degli intervistati ha particolare cura[1] della propria persona. Per il 76% è più importante la praticità dell'eleganza, anche se per il 24% è vero che una donna non bella può avere più fascino se porta dei vestiti eleganti. Alla domanda poi se «anche gli uomini[2] devono curare la loro bellezza» il 77% ha risposto con un sì. Abbiamo chiesto ad alcune persone, donne e uomini, se, quando e perché vanno dal parrucchiere. Le risposte sono state le seguenti:

«No, non vado molto spesso dal parrucchiere; primo perché è caro e secondo perché non ho tempo da perdere. Solo per il taglio vado una volta ogni tre mesi da un bravo parrucchiere in centro. Per il resto faccio tutto da sola.»

«Certo, anche per gli uomini è importante curare i capelli. Io non ne ho più molti, come vede, ma quelli che mi sono rimasti vorrei tenerli ancora per un paio di anni, se è possibile. Vado dal barbiere una o due volte al mese e trovo che sono soldi spesi bene.»

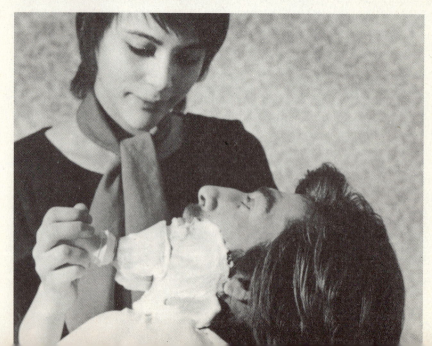

«Io mi sento un'altra quando ho i capelli a posto. Certo, non è necessario andare dal parrucchiere, lo potrei fare anche da sola, ma io lavoro tutto il giorno e la sera quando torno a casa ho tutti gli impegni di famiglia. Per questo preferisco andare dal parrucchiere una volta alla settimana durante la pausa di mezzogiorno.»

«È molto importante andare dal parrucchiere per curare i propri capelli; è importante come andare dal medico o dal dentista[3]. Vede, non è solo per la bellezza, ma proprio per la salute. Io infatti non curo solo l'estetica, ma guardo soprattutto all'igiene[4] e alla salute del capello. Le mie clienti lo sanno bene e per questo vengono da me.»

«Non vado mai dal barbiere, neanche per tagliarmi i capelli. Lo faccio da solo già da moltissimi anni e mi trovo bene così. Nemmeno la mia ragazza va dal parrucchiere. Una volta è andata da un parrucchiere molto caro in centro per farsi fare una piega, ma è stata così poco contenta di quello che le ha fatto che da allora fa tutto da sola. Sono tutti soldi risparmiati, non trova?»

b Richtig oder falsch?   vero   falso

a. Quasi tutti gli italiani fanno più attenzione all'eleganza che alla praticità.   ◯   ◯

b. Solo le donne curano la loro bellezza, gli uomini no.   ◯   ◯

c. Quasi tutte le donne italiane fanno delle cure di bellezza.   ◯   ◯

d. Molti italiani pensano che le donne belle hanno più fascino se portano dei vestiti eleganti.   ◯   ◯

e. Alcune signore vanno dal parrucchiere solo per il taglio.   ◯   ◯

f. Le ragazze giovani non vanno mai dal parrucchiere.   ◯   ◯

g. Fra gli intervistati c'è anche un parrucchiere.   ◯   ◯

h. Tutti gli intervistati sono persone giovanissime.   ◯   ◯

c Beantworten Sie die Fragen:

a. Che cosa è più importante per gli italiani: la praticità o l'eleganza?

b. Che cosa pensano molti italiani delle donne?

---

[1] curare, avere cura di = pflegen   [2] l'uomo – gli uomini = Mann   [3] il dentista = Zahnarzt   [4] l'igiene (f.) = Hygiene

Lezione diciannovesima   137

c. Sono pochi gli uomini che curano la propria persona?
d. Che cosa pensa Lei della praticità e dell'eleganza?
e. Per Lei, andare dal parrucchiere è importante come andare dal medico?
f. Perché alcuni intervistati non vanno dal parrucchiere?

2 Ergänzen Sie mit *di* oder *da:*

a. Hai qualcosa _____ bello _____ leggere? – Eccoti «L'Espresso»! Questa settimana ci sono molti articoli interessanti _____ leggere.
b. Carlo, che cosa vuoi _____ mangiare stasera? – Vorrei qualcosa _____ leggero perché ieri ho mangiato troppo.
c. Oggi sono stato ai grandi magazzini. In questi giorni non c'è niente _____ particolare. La prossima settimana arriva la moda d'estate e così trovo forse qualcosa _____ bello _____ comprare.
d. Che cos'è che ha Gianni oggi? È così nervoso! – Oh, niente _____ grave, ha solo un po' _____ mal _____ testa perché ha avuto tanto _____ fare in questi ultimi giorni.
e. Stasera vorrei andare a divertirmi. Vorrei fare qualcosa _____ nuovo. – Andiamo al cinema? – Al cinema? Non c'è niente _____ buono _____ vedere!
f. Ieri sera siamo stati _____ Carlo. Dopo il suo lungo viaggio ha avuto molte cose interessanti _____ raccontarci.

Hai avuto molto da fare, oggi, cara?

138 Lezione diciannovesima

3 Lesen Sie den folgenden Text:

Com'è e che cos'è la donna secondo la società dei consumi[1]? È quella che alla televisione, alla radio, nelle vetrine dei negozi, sui giornali e sulle riviste porta a milioni di cittadini la ricetta della sua bellezza. Sì, perché la donna deve essere per prima cosa bellissima, elegantissima e truccatissima[2]. E se una donna non è bella, che cosa fa? Semplice: deve imparare ad esserlo. La bellezza si impara, dicono le riviste femminili. Per questo «Amica», «Annabella», «Arianna», «Eva», «Grazia», «Confidenze», «Donna» e molte, molte altre danno consigli pratici non solo per la casa, la cucina, i vestiti da mettere per il cocktail o a teatro, per il tè del pomeriggio con le amiche, per la cena con il direttore del marito, per essere una brava madre e una brava moglie, ma anche e soprattutto per essere bella, giovane e sempre in forma. Tutto il resto non è importante.

La signora Quickly su «Grazia» risponde:
«Mi dici che lui si interessa molto di politica e che per questo ha poco tempo per te. Be', fagli vedere che anche tu ti interessi di politica! A me personalmente la politica non è mai piaciuta, ma in questo caso[3] è una politica a fin di bene[4] ... E questa posso accettarla completamente.»

4a Hören Sie folgenden Dialog an: ००

4b Hören Sie den Dialog noch einmal und beantworten Sie die Fragen: ००

1. La signora Arndt non dice: «Devo proprio andare dal parrucchiere», ma dice: «＿＿＿＿＿ proprio ＿＿＿＿＿ andare dal parrucchiere».

2. Il parrucchiere della signora Gatti ha un negozio ...
a. ... al caffè Pedrocchi.
b. ... vicino alla casa della signora Gatti.
c. ... in centro.

3. La signora Arndt non va dal parrucchiere in centro perché ...
a. ... deve far tagliare i capelli.

---

[1] Konsumgesellschaft   [2] truccato = geschminkt   [3] in diesem Fall   [4] a fin(e) di bene = für einen guten Zweck, wohlgemeint

b. ... il martedì è chiuso.

c. ... ha poco tempo a disposizione.

4. I parrucchieri chiudono di solito ...

a. ... il lunedì e il mercoledì.

b. ... il lunedì o il mercoledì.

c. ... il lunedì e il martedì.

4c Lesen Sie die Zusammenfassung des Dialogs und unterstreichen Sie alle Teile, die entweder nicht dem Inhalt entsprechen oder aus dem Dialog nicht hervorgehen:

La signora Arndt chiede alla signora Gatti se conosce un bravo parrucchiere, perché vorrebbe farsi tagliare i capelli e ha anche bisogno di una piega. La signora Gatti le consiglia di andare dal suo parrucchiere che non è lontano da casa. La signora Arndt però non ha molto tempo a disposizione e vorrebbe andare da un parrucchiere più vicino. La signora Gatti le raccomanda il parrucchiere all'angolo che taglia molto bene i capelli. Oggi il negozio è senz'altro aperto perché i parrucchieri chiudono di solito il lunedì o il mercoledì. Però dal parrucchiere c'è senz'altro molta gente, perché il martedì i parrucchieri hanno molto da fare. Allora la signora Arndt decide di andare subito dal parrucchiere in centro.

5 Was würden Sie sagen? Z. B.: ꩜

> Ai grandi magazzini Lei prova un maglione molto bello, ma è un po' piccolo per Lei. Che cosa dice alla commessa?
> – Non ha un maglione più grande di questo?

a. All'agenzia turistica Le offrono una camera con bagno, ma è troppo cara per Lei. Che cosa dice all'impiegato?

b. All'albergo Le danno una stanza molto bella, ma un po' scomoda per Lei perché è senza doccia. Che cosa dice al portiere?

c. Il cameriere Le porta un'aranciata non troppo fresca. Che cosa dice al cameriere?

d. Dal parrucchiere la ragazza Le dà da leggere il numero di una rivista che Lei ha già letto due settimane fa. Che cosa dice alla ragazza?

e. Al bar il cameriere Le vuole dare un aperitivo che per Lei è troppo forte. Che cosa chiede?

Lezione diciannovesima 141

f. Un suo amico Le offre un bicchiere di Lambrusco che a Lei non piace perché è troppo dolce. Che cosa domanda?

g. In un negozio del centro Lei prova un paio di scarpe molto belle, ma un po' basse per Lei. Che cosa domanda alla commessa?

h. Al mercato vorrebbe comprare degli scampi. Quelli che vede Le sembrano troppo piccoli. Che cosa domanda al venditore?

6 Herr Heinz Wallner schreibt eine Postkarte an seinen italienischen Freund Paolo Montini und teilt ihm folgendes mit:

a. Der Freund möge entschuldigen, daß er so lange nicht auf seinen Brief geantwortet hat, aber er habe in den letzten Wochen sehr viel zu tun gehabt.

b. Er habe seine Arbeitsstelle gewechselt. Er arbeite jetzt in einem anderen Reisebüro.

c. Er sei sehr zufrieden mit der neuen Stelle, weil die Arbeit interessanter und die Kollegen viel netter seien.

d. Der ganzen Familie gehe es jetzt gut. Seine Tochter Irene habe gerade eine schwere Grippe überstanden.

e. Er hoffe, seinen Freund in einem Monat wiederzusehen, denn er habe vor, auch dieses Jahr seine Ferien in Castel Gandolfo zu verbringen.

7 Bilden Sie Sätze nach dem Muster:

> io andare *al mare* / in montagna / più volentieri
> – Vado più volentieri al mare che in montagna.

a. *il pesce* / la carne / costare meno.

b. le HB / *le MS* / essere più forti.

c. io viaggiare *in treno* / in aereo / più volentieri.

d. la pettinatura stare meglio / a me / *a te.*

e. la mia macchina / *la tua* / essere meno veloce.

f. *al supermercato* / nei piccoli negozi / i prezzi essere migliori.

g. *mia moglie* / io / spendere meno soldi.

h. *io* / tu / avere i capelli più lunghi.

8 Bitte übersetzen Sie:

Frau Morini möchte zum Friseur. Sie ruft bei «Antonio» an.

- Guten Tag! Mein Name ist Morini; ich möchte einen Termin[1] für nächste Woche haben.
- Einen Moment, bitte! Was möchten[2] Sie machen (lassen)?
- Ich möchte eine neue Frisur haben.
- Gut, also schneiden, waschen und legen[3], nicht wahr?
- Ja! Ist es möglich, einen Termin für Mittwoch früh zu bekommen?
- Es tut mir leid, aber mittwochs haben wir immer zu.
- Stimmt ja! Und Dienstag? Ist bei Ihnen viel los[4] am Dienstag?
- Nein, es ist ruhiger[5] als sonst[6].
- Dann komme ich am Dienstag um 9.00 Uhr. Ist es Ihnen recht?
- Ja, sehr gut.
- Aber um 12.00 Uhr habe ich einen wichtigen Termin beim Arzt. Bin ich um halb 12 fertig?
- Ja, ich glaub schon … aber vielleicht ist es besser, wenn Sie schon um 8.30 kommen.
- Gut!
- Wie war noch Ihr Name[7]?
- Morini.
- Geht in Ordnung, Frau Morini. Auf Wiedersehen.
- Bis Dienstag dann.

---

[1] Verabredung   [2] müssen Sie   [3] taglio, shampo e piega   [4] haben Sie viel zu tun
[5] weniger Arbeit   [6] an den anderen Tagen   [7] wie haben Sie gesagt, daß Sie heißen?

Lezione diciannovesima   143

Lezione ventesima 20

1a Il telefono: la tua voce

Chi non conosce gli enormi vantaggi del telefono? Tutti ne hanno bisogno e difficilmente si potrebbe pensare ad una società moderna senza questo importante mezzo di comunicazione[1]. Ad alcuni serve per il proprio lavoro ad altri invece per sentirsi meno soli. Ma come ogni cosa, anche il telefono ha i suoi problemi. Il problema più grave è quello degli italiani che abitano nei luoghi turistici. Qui, nei mesi da ottobre a maggio, tutti possono tranquillamente telefonare, ma con l'arrivo della bella stagione e dei primi turisti c'è il caos.

Il signor Tito Brusacca, direttore di un albergo a Riccione, ci dice: «È una vergogna[2]! È sempre così in Italia, in questo paese di m…! Già 10 lettere ho scritto alla società dei telefoni, ma niente, non hanno fatto ancora niente! Le linee continuano ad essere occupate; specialmente la mattina, non si riesce a fare nemmeno una telefonata. Sa che cosa mi ha risposto la società dei telefoni? «Ci dispiace, ma non possiamo aiutarLa. Telefoni la sera dopo le nove e mezza!» Ma come posso io telefonare la sera!? Il telefono mi serve durante il giorno, non durante la notte. È di giorno che le agenzie turistiche mi vogliono telefonare per prenotare le camere, capisce?»

Tutti insieme sulla spiaggia ma, per favore, non tutti insieme a telefonare.

L'ingegner Croce della SIP (società dei telefoni) di Ravenna ci risponde:
«Sì, lo sappiamo che è un problema gravissimo per chi ha un albergo e per
tutte le persone che hanno bisogno del telefono per il loro lavoro, ma che
cosa possiamo ancora fare noi? Guardi, nei luoghi turistici sulla costa, in
questi mesi, c'è moltissima gente. Fino a dieci volte di più che negli altri
mesi. Negli ultimi anni abbiamo messo molte linee nuove, ma questo serve
a ben poco se tutti cercano di telefonare o di farsi telefonare alla stessa ora.»

b Richtig oder falsch?   vero falso

a. La macchina, il treno, l'aereo e il telefono sono mezzi di
   comunicazione.   ◯   ◯
b. Il telefono serve solo per il lavoro.   ◯   ◯
c. In bassa stagione i posti turistici non hanno il telefono.   ◯   ◯
d. Dopo le nove e mezza di sera è difficile telefonare, perché
   le linee sono sempre occupate.   ◯   ◯
e. In alta stagione le linee sono spesso occupate.   ◯   ◯
f. In certe ore del giorno le linee sono occupate perché tutti
   vogliono telefonare.   ◯   ◯
g. Il signor Brusacca, direttore di un albergo, preferisce
   scrivere delle lettere che telefonare.   ◯   ◯

c Beantworten Sie die Fragen:

a. A che cosa serve il telefono?
b. Che problema c'è nei luoghi turistici in alta stagione?
c. Perché la SIP consiglia al signor Brusacca di telefonare la sera?
d. Perché il signor Brusacca non può telefonare la sera?
e. In quali ore del giorno sono spesso occupate le linee?
f. Perché il signor Brusacca non è contento della SIP?
g. Perché la SIP non può aiutare il signor Brusacca?

2 Ergänzen Sie die folgenden Sätze mit der passenden Form von *buono*:

a. Conosci un _____ vino toscano? – Tutti i vini toscani sono

   _____ .

b. L'opera di ieri sera ha avuto un _____ successo.
c. Mi sa dire dov'è un _____ albergo qui a Siena?

---

[1] Kommunikationsmittel   [2] Schande

Lezione ventesima   145

d. Ho preso delle _____ pastiglie contro l'influenza.
e. Questo ristorante è famoso per le sue _____ fritture di pesce.
f. Hai avuto una _____ idea di venire a trovarmi.
g. Per contorno vorrei una _____ insalata mista.
h. A Bologna ho due _____ amici che non vedo da tanto tempo.

C'è solo una cosa che vorrei dirti, cara: non fai un buon odore.

3 Guardate la tabella e dite in quali ore del giorno e in quali giorni si paga di meno per telefonare.

Lezione ventesima

a   Hören Sie den Dialog aufmerksam an: ꞉꞉

b   Lesen Sie die Zusammenfassung des Dialogs und unterstreichen Sie alle
Teile, die entweder nicht dem Text ensprechen oder aus dem Dialog nicht
hervorgehen.

Il centro storico di Siena è chiuso al traffico da alcuni mesi. Il signor D'Alessio che ha un ristorante e un negozio di generi alimentari nel centro storico,
dice che la zona* pedonale ha portato degli svantaggi ai proprietari di negozi.
Racconta che quando hanno chiuso il centro al traffico, molti Senesi hanno
protestato e molti proprietari di negozi hanno avuto paura per i loro affari.
La zona pedonale è stata un vantaggio per i ristoranti perché adesso i turisti
possono lasciare la macchina al parcheggio fuori del centro storico, girare
tranquillamente per la città, mangiare comodamente in un ristorante del
centro e poi continuare la loro visita alla città.

5   Bilden Sie Sätze nach dem Muster:

> Un tassista mi ha portato alla stazione. È stato molto bravo.
> – Il tassista che mi ha portato alla stazione, è stato molto bravo.

a. Alle sette parte un aereo per Napoli. È molto comodo.
b. Paolo ci ha portato due bottiglie di vino. Le abbiamo già bevute.
c. Al mercato ho comprato oggi delle mele. Sono veramente ottime.
d. Domenica scorsa abbiamo fatto una gita a Siena. Ci è piaciuta molto.
e. Ho comprato delle pastiglie di vitamina. Sono molto buone.
f. Ti ha telefonato un amico. Si chiama Giorgio.
g. I Rossi si sono costruiti una casa. Si trova a Bracciano.
h. A Siena c'è una zona pedonale. È molto grande.

6   Bitte übersetzen Sie:

Frau Brandi steigt in den Bus und trifft Frau Levi, eine Freundin ihrer
Schwester.

---

* „zona" wird mit einem stimmhaften „z" (= dz) ausgesprochen.

Lezione ventesima   147

- Guten Tag, Frau Levi.
- Frau Brandi, was für eine Überraschung!
- Wie geht es Ihnen? Setzen wir uns doch hier hin, so können wir uns besser unterhalten[1].
- Sehr gerne. Fahren Sie oft mit dieser Linie[2], Frau Brandi?
- Ja, immer. Es ist der einzige Bus, der in die Stadt fährt. Und Sie? Ich habe Sie hier in diesem Bus noch nie gesehen.
- Ich fahre fast nie mit dem Bus. Aber heute braucht meine Tochter den Wagen und ich habe mich entschlossen, mit dem Bus zu fahren.
- Wo müssen Sie hin?
- Ich muß in der Nähe des Bahnhofs aussteigen.
- Gut, dann steigen wir zusammen aus. Aber sagen Sie, wie geht es Ihnen? Meine Schwester hat mir erzählt, daß es Ihnen nicht sehr gut ging[3].
- Ja, aber inzwischen[4] geht's mir viel besser. Ich habe einen sehr guten Arzt. Unter den Ärzten, die ich bis heute gehabt habe, ist er der beste.
- An der nächsten Haltestelle müssen wir aussteigen. Drücken Sie bitte den Knopf[5]!

7a Lesen Sie den folgenden Text:

Lignano Pineta (Udine), 20 luglio – No, Venezia proprio non gli piace: «Ci sono troppe, troppe case vecchie». Dice però anche che non viene in Italia per l'arte. Preferisce invece restare in spiaggia, vicino all'albergo, e godere il mare. «Ho proprio bisogno di caldo» e guarda il cielo che oggi è un po' coperto[6].
Hubert Wängi è impiegato alla posta. Ha 35 anni, vive e lavora ad Altdorf nel cantone svizzero di Uri. Con la moglie Liselotte vuole farsi tre settimane di vacanze a Lignano. «Nemmeno più il sole c'è, qui in Italia!», dice Hubert Wängi all'albergatore, mentre guarda di nuovo il cielo coperto. Ma anche se il tempo oggi non è ideale, il signor Wängi dice di ammirare moltissimo l'Italia e di essere «un grandissimo amico degli italiani». Da quattro anni viene in vacanza a Lignano Pineta, sempre qui dal signor Schiavon, all'albergo «Bella Venezia». Ha solo paura di quello che accade in Italia da un po' di tempo: «Ladri di macchine, bombe, attentati, scioperi e poi ... il pericolo comunista[7]! Peccato! Molto peccato[8]!» Il signor Schiavon cerca di

---

[1] sprechen   [2] Bus   [3] schlecht gegangen ist   [4] jetzt   [5] läuten   [6] bedeckt
[7] il ladro, lo sciopero, il pericolo comunista = Dieb, Streik, kommunistische Gefahr   [8] im Italienischen besser: è un gran peccato

dirgli che anche moltissimi italiani hanno la stessa paura, che anche loro non sono contenti delle bombe e degli attentati e che queste cose accadono anche in altri paesi: «Anche in Germania, signor Wängi, ci sono i terroristi! Gli scioperi e le bombe ci sono anche in Inghilterra e in Francia ... non trova?» «Sì, ma è tutta un'altra cosa» lo interrompe gentilmente il signor Wängi «perché per l'Italia il problema è più grave». Dice che lui viene in Italia perché «qui ci sono cose che da noi non ci sono: il sole caldo, il mare azzurro e gli spaghetti», ma che se la situazione politica continua ad essere così difficile, lui non vuole «mettere in pericolo» la propria vita.

Come potrebbe continuare il dialogo? Prima di rispondere leggete le seguenti domande:

a. Perché il signor Wängi va ogni anno in Italia? Che cosa si aspetta?
b. Il signor Wängi dice di ammirare moltissimo l'Italia? Che cosa può ammirare secondo voi?
c. Quali sono i pericoli secondo il signor Wängi?
d. Il signor Wängi dice di essere «un grandissimo amico degli italiani». Si capisce dalle sue parole? Se sì, da quali?
e. Adesso cercate di continuare il dialogo.

Schlüssel

Lektion 1

Übung 1b

Venezia, qui, anche, qui, che, come, grazie, Cinquetti, c'è, occupato.

Übung 2d

a. È a Milano. **b.** In «Piazza Duomo» a Milano. **c.** Sì. **d.** No, è di Bologna. **e.** Sono a Milano per la «Fiera Campionaria». **f.** È a Bologna con i bambini.

Übung 2e

a. falso **b.** vero **c.** vero **d.** vero **e.** vero **f.** falso **g.** vero **h.** vero **i.** falso **l.** falso.

Übung 3

Cara Michela, anche Anna e Antonio sono qui a Milano per la «Fiera Campionaria». Siamo insieme al ristorante. Arrivederci alla settimana prossima. Ciao.

Übung 4

I Mancuso sono marito e moglie. Il signor Mancuso è ingegnere. Il signor Cinquetti è molto occupato. La signora Mancuso è contenta dell'albergo. L'albergo è piccolo, ma comodo.

Übung 5

... **c.** Com'è l'albergo? **d.** Dov'è la signora Mancuso? **e.** Dov'è l'albergo? **f.** Come sta la signora Rossi? **g.** Com'è l'albergo? **h.** Dov'è la signorina Como?

Übung 6

... **b.** Come mai Paolo non è a Milano con Michela? **c.** Come mai Antonio è alla fiera? **d.** Come mai il signor Cinquetti è molto occupato? **e.** Come mai i Mancuso non sono contenti dell'albergo? **f.** Come mai Giorgio non è pronto? **g.** Come mai Michela non è alla «Fiera Campionaria»? **h.** Come mai l'albergo non è molto comodo?

Übung 7

... **b.** Dov'è la signora Cenci? È a Palermo. E come mai è a Palermo? Per il «Festival del Folklore». **c.** Dov'è Carla? È a Sanremo. E come mai è a Sanremo? Per il «Festival della Canzone». **d.** Dove sono i Cinquetti? Sono a Firenze. E come mai sono a Firenze? Per la «Mostra di Alta Moda». **e.** Dov'è Marcella? È a Cagliari. E come mai è a Cagliari? Per la «Fiera della Gastronomia». **f.** Dove sono Anna e Antonio? Sono a Sorrento. E come mai sono a Sorrento? Per il «Festival del Cinema». **g.** Dov'è l'ingegner Michelini? È a Torino. E come mai è a Torino? Per il «Salone dell'Automobile». **h.** Dov'è Antonia? È a Perugia. E come mai è a Perugia? Per il «Festival dell'Unità».

Übung 8

a. Buon giorno! Il mio nome è Schmidt. Sono di Berlino. **b.** Buon giorno, signor Schmidt. È qui per la Fiera Campionaria? **c.** Sì, sono qui con mia moglie. **d.** Buon giorno, signora! Come sta? **e.** Benissimo grazie. E come sta Lei, dottore? **f.** Non c'è male, grazie. È contenta dell'albergo, signora? **g.** Sì, grazie. L'albergo è molto comodo.

Übung 9

1. Che piacere rivederLa, signor Mancuso! È solo? (b.) **2.** Come sta, signora? (a.) **3.** Come sta la signora Rossi? (b.) **4.** A Napoli tutto bene? (a.) **5.** Siete contenti dell'albergo? (a.).

Übung 10

Il signor Mancuso è di Napoli. Il signor Schmidt è di Berlino. I Mancuso sono a Venezia. L'albergo è al Lido di Venezia. I Mancuso sono qui per la Biennale. Arrivederci a più tardi (*oder* alla Biennale). Il signor Cinquetti è alla Biennale. I Mancuso sono contenti dell'albergo.

Übung 11

Il signor Himmrich di Berlino e il signor Calligaris di Como sono a Francoforte per la Fiera del Libro. Anche la signora Calligaris è a Francoforte. Il signor Himmrich è solo; la signora Himmrich è a Berlino. «– Ciao Giorgio! – Ciao Paul! Che sorpresa! Come mai (sei) qui a Francoforte? – Sono qui per la Fiera del Libro, e tu? – Anch'io. – Sei solo qui? – No, anche mia moglie è qui. Paola! Ecco il mio amico Paul Himmrich di Berlino. – Piacere, signora Calligaris. Come sta? – Grazie, benissimo. E Lei? – Non c'è male. Sono molto occupato. Siete occupati stasera? – No, stasera non siamo

Schlüssel L 1   151

occupati. – Andiamo al ristorante insieme? – Benissimo, d'accordo. – Bene, a più tardi. ArrivederLa, signora! Ciao Giorgio! – Ciao, a più tardi. – Arrivederci in albergo!»

Lektion 2

Übung 1b

Gherardi, giornalista, signor, Giorgio, ingegnere, Giulietta, seconda.

Übung 2b

a. vero **b.** falso **c.** vero **d.** falso **e.** vero **f.** vero **g.** falso **h.** vero.

Übung 3b

a. Qual è il Suo nome, per piacere (favore)? **b.** Di dov'è? **c.** Qual è la Sua professione? **d.** Ecco il Suo albergo, signora. **e.** Come sta? **f.** Come sta Suo marito? **g.** È di qui? **h.** È a Venezia per affari? **i.** È qui per la prima volta? **l.** È la Sua prima visita a Venezia? **m.** Come mai è a Venezia? **n.** Sua moglie è di Napoli? (*oder* È di Napoli Sua moglie?) **o.** Com'è l'albergo? **p.** Qual è la Sua domanda, per favore?

Übung 4

Qual è il Suo nome, signora? Signora, dov'è Suo marito? Qual è la Sua professione, signor Mancuso? Dottore, è la Sua prima visita a Venezia? Come sta Sua moglie, ingegnere? Com'è il Suo albergo, signorina? Grazie per la Sua gentilezza, signora!

Übung 5

Il suo nome è Gianni Ginori. Di professione è giornalista. È di Palermo. È alla Biennale di Venezia per un'intervista. È la sua prima visita alla Biennale. Anche sua moglie è a Venezia per vedere la Biennale. Sua moglie è di Napoli.

Übung 6

a. sua **b.** il Suo **c.** il suo **d.** Suo **e.** suo **f.** la sua **g.** la Sua **h.** Sua.

Übung 7b

a. a **b.** a; per; per **c.** al; in; di **d.** a; con **e.** a; per.

152   Schlüssel L 2

Übung 8

1. a.; b.; c.; e.   **2.** a.; c.; e.   **3.** a.; b.; d.   **4.** a.; b.; c.; e.   **5.** a.; c.; d.

Übung 9

Sandro Cellini, giornalista della RAI, intervista a Milano il signor Singer e sua moglie.
– Un momento per favore. Vorrebbe rispondere a un paio di domande?
– Sì, volentieri, ma perché?
– Per un'intervista della RAI.
– Bene, d'accordo! Prego, dica!
– Qual è il Suo nome, per favore?
– Peter Singer.
– Qual è la Sua professione?
– Sono ingegnere alla Fiat di Heilbronn.
– Di dov'è?
– Sono di Francoforte.
– E come mai è a Milano?
– Sono qui per affari. Per la Fiera Campionaria.
– E la signora?
– È mia moglie, Michela.
– Buon giorno, signora. Anche Lei è qui a Milano per affari?
– No, sono qui come turista. Di professione sono giornalista.
– Ah, bene. È alla Fiera di Milano per la prima volta?
– Alla Fiera, sì! Ma sono a Milano per la seconda volta.
– Grazie per la Sua gentilezza. ArrivederLa.

Lektion 3

Übung 1 b

cappuccino; aranciata; arancia; collega, aranciata fresca; giro; macchina; oggi, accordo; giorni; qui; quando; perché, qui, vicino.

Übung 2 b

a. vero **b.** falso **c.** falso **d.** vero **e.** vero **f.** falso **g.** falso **h.** falso **i.** vero.

Übung 3

b. macchina **c.** città **d.** in giro **e.** sul mare **f.** dispiace **g.** vicino **h.** va al bar con **i.** Preferisco prendere un cappuccino perché non è così forte.

Übung 4

Il signor Klein è un turista tedesco. La signora Chelli va al bar con una sua collega. Rossana è a Bologna per un congresso. Alla Biennale Lucia incontra un suo collega (*oder* una sua collega). Ulrike Kleinhof è una giornalista tedesca (*oder* una turista tedesca). Lucia non è una turista tedesca.

Übung 5

a. Scusi, per favore, ha una camera con vista sul mare? **b.** Mi dispiace, tutte le camere sono occupate. **c.** Per favore, hai una sigaretta per me? **d.** Sì, un' HB (acca bi). Vogliamo prendere un caffè? **e.** Mi dispiace, ma per me è già tardi. **f.** Come state? Quando ritornate a Napoli? **g.** Venezia è una città meravigliosa. **h.** È vero, ma io preferisco Roma.

Übung 6

a. sta **b.** occupata **c.** mio **d.** sola **e.** Suo **f.** in **g.** al **h.** buono **i.** ho **l.** stai **m.** contenti **n.** ancora.

Übung 7

b. dov'è **c.** che cosa **d.** dov'è **e.** che cosa **f.** come **g.** com'è **h.** quanti **i.** quanto tempo **l.** qual è **m.** qual è **n.** come **o.** perché/come mai **p.** di dov'è **q.** com'è.

Übung 8

c. Ha la macchina fuori Giorgio? **d.** Hanno una bella camera i Mancuso? **e.** Hanno una bella vista le camere? **f.** Ha molto tempo Lucia? **g.** Ha una sigaretta Rossana? **h.** Hanno una camera comoda i Rossi?

Übung 9

c. Avete una macchina comoda? **d.** Hai una MS (emme esse)? **e.** Hai una professione interessante? **f.** Hai un amico a Bologna? **g.** Avete due bambini? **h.** Avete un pacchetto di HB?

Übung 10

-Ciao Marco! Come stai? -Ciao Bruno. Io sto bene, e tu? -Così, così (*oder* non c'è male). Andiamo a prendere un caffè! -Mi dispiace, ma per me è già tardi. -Come mai (perché) è già tardi? -Eh sì, devo andare all'Università.

-Anch'io. Prendiamo un espresso e poi andiamo insieme. Ho la macchina qui. -Va bene, d'accordo. -Entriamo qui. Che cosa vogliamo prendere? -Io ho sete. Preferisco un'aranciata. -Signorina! un espresso e un'aranciata, per favore! -Domenica devo andare in Italia. -Ah sì! E dove? -A Bologna. È già la mia seconda visita a Bologna. -È una città interessante? -Sì, sì! Ma io vado per (*oder* a) un congresso. -A quale congresso? -Al ... -Ah sì! (È) per l'Università Europea, allora! Benissimo! Buon divertimento a Bologna!

Lektion 4

Übung 1 b

annuncio, giorno, accendo, gente, scialle, giacca, arancia, lasciare, invece, eccezionale, giornalista, lasciamo, medicina, giro, veloce.

	0	1	2	3	4	5	6	7	8	9	10	11	12	13	14	15
[tʃ]	X	X		X				X		X	X			X		X
[dz]			X		X		X					X			X	
[ʃ]						X			X				X			

Übung 1 c

provincia, perché, impiegato, guardo, pacchetto, macchina, medicina, d'accordo, scialle, gonna. (Die 4 Wörter sind: perché, pacchetto, macchina, d'accordo.)

Übung 2 b

a. vero **b.** falso **c.** falso **d.** falso **e.** vero **f.** vero **g.** falso **h.** vero **i.** vero **l.** falso.

Übung 3

legge, invita, offre; è, comprare, spendere; vede, è; preferisce; costa, sta.

Übung 4

a. Gina compra i vestiti ai grandi magazzini perché lì risparmia sempre molti soldi. **b.** Lucia legge il giornale perché alla TV c'è solo pubblicità. **c.** Enrico va al ristorante «Roma» perché per lui è un ristorante molto buono. **d.** Giovanni non va al bar (con Giuseppe) perché non ha tempo. **e.** Michela non compra la giacca perché non vorrebbe spendere tanti soldi.

Übung 5

1. – Scusi, vorrei una camera con vista sul mare. – Mi dispiace, tutto l'albergo è occupato. Die richtige Lösung ist **a**.
2. – Andiamo insieme? Ho la macchina fuori. – No, grazie! L'albergo è qui vicino. Lösung: **c**.
3. – Oggi offro io! – No, offro io! La prossima volta offri tu. Lösung: **a**.
4. – Ecco, adesso ho tutto. Devo solo comprare il vino, vero? – E il caffè anche. Lösung: **c**.

Übung 6

Francesca compra uno scialle di lana. Guarda l'ultima moda di quest'anno. Legge un annuncio interessante. Offre un'aranciata fresca alla signora Cinti. Prende il tassì per andare in città. Vende la macchina per risparmiare.

Übung 7

a. vista **b.** sigarette **c.** aranciata **d.** spendere **e.** giro **f.** domani **g.** visitare Roma.

Übung 8

1. Dove compri i vestiti, Francesca? (a., b., d.)
2. Spendi molti soldi per i vestiti? (b., d., e.)
3. Bella questa borsetta! Quant'è? (a., b., c., e.)
4. Signorina, ha un pullover taglia 46? (a., b., e.)
5. Vorrei comprare una macchina nuova. Preferisci una Fiat o una Ford? (a., b., d., e.)

Übung 9

-Helga, questo annuncio è molto interessante per te. -Quale? -Qui sul giornale: «Vorrebbe comprare una gonna moderna, una giacca di lana sportiva o scarpe di moda? I grandi magazzini in via Corelli offrono tutto questo a prezzi eccezionali». -Ah, di nuovo pubblicità. -È vero. È solo pubblicità, ma i prezzi sono proprio interessanti. Vogliamo andare insieme ai grandi magazzini? -Va bene! Se i prezzi sono così eccezionali vorrei comprare un pullover per Mario. -Buon giorno! Vorrei un pullover, per favore. -Per Lei? -No, per mio marito. Taglia 50, per favore. -Guardiamo insieme! Questo qui è di lana Shetland ed è molto comodo. -Sì è proprio bello e sta bene con tutto, vero? -Sì. E il prezzo è molto buono. -Quanto costa? -18.000 lire. -Bene, allora prendo il pullover, il prezzo è molto buono. Ecco 18.000 lire a Lei. Grazie e arrivederci.

Lektion 5

Übung 1b

cercano, parcheggio; difficile, perché, stagione; stranieri, nazionalità, fascino, città; lasciano, macchina, che.

Übung 2b

a. vero **b.** falso **c.** vero **d.** vero **e.** falso **f.** vero **g.** falso **h.** vero.

Übung 3

a. Vogliamo cercare un posto per la macchina? **b.** È difficile trovare un posto libero. **c.** In questo parcheggio ci sono ancora molti posti. **d.** Bene, lasciamo la macchina qui, d'accordo? **e.** Vogliamo andare a piedi o preferisci andare in città con il (*oder* in) vaporetto? **f.** Preferisco andare a piedi, se sei d'accordo. **g.** A Venezia ci sono tanti turisti in questa stagione, vero? **h.** Sì, e tutti vanno in (*oder* con il) vaporetto.

Übung 4a

b. ci sono molte camere **c.** ci sono molti bar **d.** ci sono molti ristoranti **e.** ci sono molti grandi magazzini **f.** ci sono molti tassì **g.** ci sono molti alberghi **h.** ci sono molti vaporetti per Murano.

Übung 5

a. quanta, tanta **b.** quanti, tanti **c.** quanto, tanto **d.** tante **e.** tante **f.** quanti, tanti **g.** tanto **h.** quanti.

Übung 6

ci sono molte strade eleganti; c'è la Scala; ci sono tanti alberghi; ci sono gli affreschi di Leonardo; c'è la Pinacoteca di Brera; c'è la RAI.

Übung 7

siamo; abbiamo; andiamo, incontriamo; desideriamo, abbiamo; stiamo, preferiamo; lasciamo, andiamo.

Übung 8

sono; hanno; vanno, incontrano; desiderano, hanno; stanno, preferiscono; lasciano, vanno.

Übung 9

1. b, **2.** a, **3.** a, **4.** b, **5.** a, **6.** b, **7.** b, **8.** a.

Schlüssel L 5   157

Übung 10

in Jugoslavia, in Svizzera, a Venezia, a Berlino, in Austria, a Berna, in Germania.

Übung 11

-Dove lasciamo la macchina? -Cerchiamo un parcheggio! -Mamma mia! Quante macchine ci sono! Chissà se troviamo un posto! -Lì! A destra c'è un posto libero. -Vedo solo macchine straniere. -In questa stagione a Venezia ci sono solo turisti stranieri. I Veneziani lasciano la città e vanno al mare. -Chissà se troviamo una camera. -Sì, sì! A Venezia ci sono tanti alberghi! -Vogliamo chiedere qui o andiamo in centro? -Gli alberghi in centro sono migliori. Andiamo a piedi? -Sì, vorrei andare a piedi, anche perché sui vaporetti c'è tanta gente. -Guarda, c'è una guida della città! Vogliamo vedere dov'è il centro? -Non è difficile arrivare in Piazza San Marco. E se non troviamo la strada chiediamo!

Lektion 6

Übung 1 b

bagno, Italia, meraviglioso, ogni, bagagli, matrimonio, ordiniamo, spegniamo, vogliamo, Giulia.

	1	2	3	4	5	6	7	8	9	10
gl			X		X				X	
gn	X			X				X		
l		X								X
n						X	X			

Übung 1 d

a. turisti, stranieri, višitano, Jugošlavia **b.** sei, solo, sono, solo, Sušanna **c.** pensione, costa, settemila, persona **d.** sette, sempre, televišione **e.** dešidera, San, verso **f.** Mancušo, višitano, Švizzera, seconda.

Übung 3

all'albergo, colazione; al, ordina, d'arancia, dei, marmellata; invece; al, dell'albergo, cappuccino.

Übung 4d

a. vero **b.** vero **c.** falso **d.** vero **e.** falso **f.** falso **g.** falso **h.** vero.

Übung 5

a. è molto bello **b.** è una fortuna **c.** è una fortuna **d.** è possibile **e.** è possibile **f.** è possibile **g.** è possibile **h.** è molto bello.

Übung 6

a. (Qui) all'angolo c'è un albergo, l'Hotel Villa Medici. **b.** Scusi, vorrei una camera singola con bagno per una settimana. **c.** Mi dispiace, ma non ci sono più camere libere con bagno. C'è ancora una camera con doccia al sesto piano. **d.** Quanto costa la pensione completa al giorno? È possibile fare colazione in camera? **e.** La pensione completa costa dodicimila lire al giorno. Ogni giorno è possibile fare colazione in camera dalle 7 in poi. **f.** Per colazione vorrei un caffellatte, una spremuta di pompelmo, delle fette biscottate con burro, marmellata e miele.

Übung 7

a, in; cosa, camera; al; costa, al; fare, in, al, dell'; lasciano.

Übung 8

a. Che cosa vorrebbe Chiara? **b.** A quale piano desidera una camera Giuliano? **c.** Per chi prenota una camera il signor Rossi? **d.** A chi lasciano i passaporti i Rossi? **e.** Dove sono i bagagli di Chiara e Giuliano? **f.** Per quanto tempo sono a Venezia Chiara e Giuliano? **g.** Quanto costa la pensione completa al giorno? **h.** Dove desiderano fare colazione i Rossi? **i.** A chi telefonano per la colazione? **l.** A che ora è possibile fare colazione?

Übung 9

Domanda: Egregio signor Sassonghèr, dal 15 al 25 luglio sono di nuovo a Corvara. Anche quest'anno vorrei prenotare una camera singola con bagno o doccia. Se è possibile, quest'anno vorrei la camera con la pensione completa. Aspetto la Sua conferma (*oder* una Sua conferma). Cordiali saluti.

Risposta: Egregio signor Köditz, mi dispiace, ma dal 15 al 25 luglio non ci sono più camere libere nella mia pensione. Siamo già in alta stagione e per prenotare una camera è già molto tardi. A Corvara quest'anno c'è un albergo nuovo dove ci sono ancora molte camere libere. Se (Lei) è d'accordo, telefono alla direzione dell'albergo e prenoto per Lei una camera singola

Schlüssel L 6   159

con bagno. Il nome dell'albergo nuovo è «Marmolada»; è vicino alla mia pensione e anche lì i prezzi sono molto buoni. Aspetto una Sua conferma. Cordiali saluti (*oder* Distinti saluti).

Lektion 7

Übung 1b

1. Scusi, c'è un '*agenzia* viaggi qui vicino? **2.** Sì, a *mezzo* chilometro da qui c'è la CIT. **3.** Buon giorno, ho bisogno di alcune *informazioni.* **4.** Vorrei andare a Roma per la mostra *internazionale* della moda. **5.** Ho solo tre giorni a *disposizione* e vorrei prendere l'aereo. **6.** Va bene, signora, c'è un aereo che arriva a Roma a *mezzogiorno.* **7.** È necessario fare la *prenotazione?* **8.** Sì, signora, ho bisogno del Suo nome e del Suo *indirizzo.* **9.** Qual è la Sua *nazionalità?* **10.** Sono *svizzera,* di Berna.

Übung 1c

svalutazione, prezzo, colazione, palazzo, mezzo, disposizione, lezione, magazzino, senza, piazza.

	1	2	3	4	5	6	7	8	9	10
z	X		X			X	X		X	
zz		X		X	X			X		X

Übung 1d

medici, internazionale, gita; giorni, disposizione, chiedono, agenzia, possibile; consiglia, laghi, fino.

Übung 2b

a. vero **b.** falso **c.** vero **d.** falso **e.** falso **f.** falso **g.** vero **h.** vero.

Übung 3

a. Dove entrano i medici? **b.** Che cosa chiedono? **c.** A chi chiedono delle informazioni? **d.** Di che cosa hanno bisogno? **e.** Perché sono a Torino? **f.** Quanto tempo (libero) hanno a disposizione? **g.** Che cosa desiderano fare? **h.** Chi preferisce invece andare a Roma?

Übung 4

a. giornalisti, internazionale **b.** alcune, informazioni **c.** colleghi, giorni, disposizione, breve, gita **d.** luoghi, tranquilli, troppo, lontani **e.** chilometri, luoghi, turistici, grande, interesse **f.** laghi, Alpi **g.** piccole, città, grande, interesse **h.** turisti, piedi.

Übung 5

di alcune informazioni, del medico, di molti soldi, del passaporto per andare in Svizzera, del portiere, di questa guida della città, di una camera singola, di un paio di scarpe.

Übung 6 b

a. La pensione completa in quest'albergo costa 10.000 lire al giorno e a persona. **b.** È anche possibile fare colazione in camera. **c.** Se si desidera fare colazione in camera, si telefona al portiere. **d.** L'albergo è vicino all'agenzia viaggi e a 100 metri dal lago. **e.** Anche il centro della città non è lontano da qui. **f.** In alta stagione qui ci sono molti turisti di tutto il mondo. **g.** Vanno tutti in gruppo in giro per la città in autobus. **h.** Da qui è possibile fare una breve gita a Todi. **i.** Prendiamo l'autostrada fino a Orte e poi prendiamo la strada che passa per Sangemini. **l.** In pullmann si arriva a Todi in un'ora.

Übung 6 c

a. al **b.** a **c.** a **d.** a, a **e.** all', all' **f.** al **g.** a. **h.** a, alla **i.** a, ai **l.** alla **m.** al.

Übung 7

a. Dove entrano i medici? **b.** Dove desiderano andare i medici belgi? **c.** Da dove arrivano questi turisti? **d.** Fino a dove va questo pullmann? **e.** Per dove passa l'Autostrada del Sole? **f.** Dove vanno Graziella e Guido? **g.** Di dove sono i Mancuso? **h.** Da dove telefona Giulietta?

Übung 8

-Dieter, dove vogliamo andare la settimana prossima? -Andare dove? Non sei forse contenta di tutte le cose qui a Firenze? -Sì, sì, ma vorrei anche andare in giro per la Toscana. Chissà quando ritorniamo qui la prossima volta! -Va bene, ma dove vogliamo andare? -Vorrei visitare (vedere) alcune altre città della Toscana, come per esempio Siena, San Gimignano, Arezzo e vorrei andare anche in Umbria. -Ma abbiamo solo due settimane a disposizione. Non è molto! -In una settimana è possibile fare un giro per la Toscana. -Bene, allora andiamo all'agenzia viaggi e chiediamo delle informazioni, d'accordo?

Schlüssel L 7   161

Lektion 8

Übung 1c

a. Avete *progetti* per le vostre vacanze? **b.** Dove andiamo quando *finisce* la scuola? **c.** *Preferisci* il mare o la montagna? **d.** Io devo andare con i miei *genitori.* **e.** Non hai il *coraggio* di fare le vacanze da solo? **f.** *Certo,* ma quest'anno vorrei andare all'estero. **g.** Anch'io vorrei fare un *viaggio* all'estero. **h.** Io vorrei *cercare* un posto tranquillo al mare. **i.** Io vado con gli *amici* di mia sorella in montagna. **l.** Allora *lasci* la tenda a casa, vero?

Übung 1d

scuola; già, loro; vorrebbe, campeggio, è; invece, suoi; perché, viaggio.

Übung 2b

a. falso **b.** vero **c.** vero **d.** falso **e.** vero **f.** vero **g.** falso **h.** falso.

Übung 3

ecco, macchina, tenda; contenta, della, macchina, anche, può, più, dei, viaggi, lunghi, perché, già, vecchia; tenda, pratica, anche, solo, due persone; difficile, questo, modello, tenda; anche, da, sola, può, tenda, quarto.

Übung 4

a. Dove sone le tue scarpe? **b.** Dove sono i suoi amici? **c.** Dove sono i nostri bagagli? **d.** Dov'è il suo passaporto? **e.** Dov'è la vostra tenda? **f.** Dov'è la Sua stanza? **g.** Dove sono le sue colleghe? **h.** Dove sono i Suoi colleghi? **i.** Dov'è la loro casa? **l.** Dove sono i loro ospiti? **m.** Dove sono i miei giornali? **n.** Dove sono le sue sigarette?

Übung 5

a. Dove vanno i tuoi genitori? **b.** Dove va vostro zio? **c.** Dove va sua sorella? **d.** Dove vanno i vostri bambini? **e.** Dove va il loro fratello? **f.** Dove vanno i loro zii? **g.** Dove va Suo marito? **h.** Dove va tua moglie? **i.** Dove vanno le loro zie? **l.** Dove va Sua madre? **m.** Dove va la Sua mamma? **n.** Dove va la tua sorellina?

Übung 6

suo, i suoi, i loro, sua, i suoi; alla sua; la tua; mio, i miei, i loro, mia, i suoi.

Übung 7

a. Questa settimana finisce la scuola. **b.** Mio fratello ed io andiamo al mare.

c. Quest'anno abbiamo a disposizione tutta la casa dei miei genitori.
d. Quest'anno mio padre e mia madre vanno in Sicilia con la loro amica di Napoli. **e.** Mia sorella quest'anno va in montagna, e così anche la sua camera è libera. **f.** Abbiamo molto posto! Se vuoi, puoi venire anche tu!

Übung 8 b

a. Il signor Rossi deve essere molto occupato. **b.** Una camera all'Hotel Ambasciatori può essere molto cara (*oder* può costare molto). **c.** Domani devo essere a Roma. **d.** Questa non può essere la Sua prima visita a Venezia. **e.** Le vacanze al mare devono essere molto belle. **f.** Helga ogni anno va in Italia; il suo italiano deve essere molto buono. **g.** Quest'albergo non può essere troppo caro. **h.** I Rossi devono essere adesso a Venezia.

Übung 9

in, in, in; in, di, in, al; da, con; con, con, per.

Übung 11

Cara Giuliana, tante grazie per la tua bella cartolina da Mola di Bari e per il tuo invito. Vorrei venire in Italia già domani, ma come posso fare? La settimana prossima i miei genitori vanno in vacanza ed io non posso lasciare i miei due fratellini da soli. Adesso è già troppo tardi per fare dei nuovi progetti per le vacanze, perché i miei genitori hanno già prenotato la loro camera in un albergo di Rapallo. Mi dispiace, ma è proprio così! Chissà forse c'è un'altra occasione per me di venire in Italia più tardi. Cordiali saluti e ancora una volta tante grazie.

Lektion 9

Übung 1 c

anche, chiave, perché, ventiquattro, quindici, che, chi, qui, tranquillo, turistiche.

	1	2	3	4	5	6	7	8	9	10
qu				X	X			X	X	
ch	X	X	X			X	X			X

Übung 1 d

chiede, alcune; che; che, quindici, quattordici; bisogno, facchino, valige; chi, chiedere; cinque, portabagagli.

Übung 2 b

a. vero **b.** falso **c.** falso **d.** vero **e.** vero **f.** falso **g.** vero **h.** vero.

Übung 3

Alle sette e venticinque/alle quattordici e zerouno; alle tredici e sedici/ alle diciannove e zerodue; alle ventitre e quaranta/alle sette e ventisei; alle zero e quaranta/alle otto e tredici.

Übung 4

Maria va a scuola alle otto. Suo padre va in ufficio alle otto e mezza. La scuola finisce all'una. Maria ritorna a casa all'una e mezza. Maria guarda la televisione alle sei e un quarto. Maria va a letto alle dieci meno un quarto. I suoi genitori vanno a letto alle undici.

Übung 5

a. Scusi, a che ora c'è domani un treno per Portofino in Riviera? **b.** Fino a Portofino non ci sono treni. **c.** Ma può partire da Milano con il treno delle otto. **d.** Arriva a Genova alle dieci e dieci. **e.** Qui deve cambiare e prendere il treno delle dieci e trenta per Santa Margherita Ligure. **f.** Portofino è a 10 chilometri da Santa Margherita Ligure. **g.** Il viaggio in autobus dura solo un quarto d'ora. **h.** Dalla stazione ci sono sempre degli autobus per Portofino.

Übung 6 c

in, a, di (*auch* per); in, a; a, da; in, a, per.

Übung 7

a. No, perché abbiamo già prenotato all'Hotel Roma. **b.** No, perché ho già invitato i Mancuso. **c.** No, perché ho già telefonato a suo marito. **d.** No, perché abbiamo già preso un cappuccino. **e.** No, perché ho già bevuto un aperitivo. **f.** No, perché ho già comprato una gonna.

Übung 8

b. hanno passato **c.** hanno fatto **d.** hanno visitato **e.** sono andati **f.** sono saliti **g.** hanno fatto **h.** sono saliti **i.** è durato **l.** sono stati **m.** sono ritornati.

Übung 9

-Buon giorno! Mia moglie ed io vogliamo andare a Napoli. Che treni ci sono da Milano? -Vuole (*oder* desidera) viaggiare di giorno o di notte? -Di notte, se è possibile. -Se vuole, può viaggiare anche in vettura-letti. -È una bell'idea ... ma non è troppo caro? -No, se prende una cabina per due persone, i letti costano 20.000 lire e i biglietti 12.900 lire a persona. Sono 45.800 lire in tutto. Se viaggia in vettura di prima classe, deve spendere per due biglietti e due supplementi per treni rapidi 58.800 lire.

– Bene, allora viaggiamo di notte in vettura-letti. Così risparmiamo soldi e tempo. E quando possiamo partire? -Se parte alle 22.20 arriva a Napoli alle 8.48. O preferisce un treno più tardi? -No, no! Il treno delle 22.20 va benissimo, grazie! -Devo allora prenotare una cabina per due persone? -Sì, grazie! -E per quale giorno? - Per domani.

Lektion 10

Übung 1c

a. tu/porta **b.** occupata/cucina **c.** guarda/c'è **d.** venite/avanti **e.** dove/stati **f.** andati/estero **g.** vostra/macchina **h.** no/aereo **i.** cosa/visto **l.** Germania/Austria.

Übung 1d

a. ! **b.** ! **c.** ? **d.** ? **e.** ? **f.** ! **g.** ! **h.** ?

Übung 1e

a. U **b.** D **c.** U **d.** U **e.** U **f.** D **g.** U.

Übung 2b

a. falso **b.** falso **c.** falso **d.** falso **e.** falso **f.** falso **g.** vero **h.** vero.

Übung 3

a. prendere (*oder* prenotare) **b.** spegni **c.** ritornare (*oder* tornare) **d.** prendete (*oder* bevete) **e.** compra (*oder* prendi) **f.** cerca **g.** perdere **h.** visitate.

Übung 4

non; no; no, non, niente/nulla; non, nemmeno; no; no, non, mai; non, mai; non, nessuno.

Übung 5

a. Vieni avanti (*oder* entra), Barbara! Anna è ancora in città, ma deve arrivare da un momento all'altro. **b.** Vuoi bere intanto un aperitivo o un caffè? **c.** A quest'ora preferisco un caffè, grazie. **d.** Anna, guarda chi c'è! **e.** Che bellezza! Dove sei stata tutto questo tempo, Barbara? **f.** Fino a due giorni fa sono stata in Italia. **g.** Sei stata di nuovo a Roma? **h.** No, questa volta no! Sono andata in Calabria. **i.** Un viaggio così lungo hai fatto! Ma come mai sei andata fino in Calabria? **l.** Un po' perché non ho mai visto questa regione e un po' perché ho voluto fare una visita (andare a trovare un) ad un caro amico a Reggio Calabria.

Übung 6

–, di, a, di, –, –, –, di, a, di, a, –, di, a, –.

Übung 7

-Come state? Siete stati in vacanza? -Sì, siamo stati in vacanza un mese. -Ah, per questo! Ho cercato di telefonare a casa vostra un paio di volte, ma non ha risposto nessuno. E come sono state le vacanze? -Meravigliose. Abbiamo avuto 4 settimane di sole e di mare. -Siete rimasti sempre nello stesso posto? -No, no! Siamo stati in viaggio in macchina e abbiamo girato tutta la costa. Abbiamo voluto visitare tutta la regione. -Avete potuto parlare anche con la gente? -Oh sì! Abbiamo conosciuto molta gente. Abbiamo invitato anche alcuni amici a venire da noi l'anno prossimo.

Lektion 11

Übung 1b

Beispiel: Abbastanza bene. **1.** Per imparare meglio l'italiano, no? (b.) **2.** Eh sì, tutte le mattine dalle otto in poi. (a.) **3.** Alcuni sono proprio bravi. (a.) **4.** Sì, se si conosce della gente simpatica ... (a.) **5.** Fino alla fine del corso, no? (b.) **6.** Be', non è molto, ma nemmeno poco. (a.)

Übung 1c

a. Ma non si trova a Siena per un corso? **b.** Ma non è arrivata 10 giorni fa? **c.** Ma non abita presso una famiglia? **d.** Ma non ha un ragazzo italiano? **e.** Ma non parla abbastanza bene l'italiano? **f.** Ma non va sempre a piedi?

Übung 2b

a. falso **b.** vero **c.** falso **d.** vero **e.** vero **f.** vero **g.** falso **h.** falso.

Übung 3

a. frequenta, all' **b.** alla, di **c.** si, bene **d.** per, mai **e.** per, ci **f.** fine, a.

Übung 4

c. Da chi (*oder* dove) abiti? **d.** Perché (*oder* come mai) sei a Siena? **e.** A che ora ti alzi la mattina? **f.** A che corso ti sei iscritta? **g.** Come sono i tuoi professori? **h.** Chi hai conosciuto?

Übung 5

A chi scrive Karin? Dove si trova Karin? Che cosa scrive Karin a Maria? Come mai Karin si trova a Siena? Che cosa vuole frequentare Karin a Siena? Dove vuole frequentare un corso d'italiano? Che cosa si è trovata Karin? Da chi abita Karin? Com'è la famiglia dove Karin abita? Come si sente Karin? Perché si sente bene? A che ora si alza la mattina? Come va all'Università? Con chi esce la sera? Che cosa fa la sera con i colleghi? Dove si siede con i colleghi? Dove si trova il caffè? Come si diverte?

Übung 7

Preso, non puoi credere come, mi trovo qui in Sicilia e mi sento come in paradiso, i suoi genitori, molto gentili con me, siamo saliti, fino alla fine del mese, di una bella vacanza dopo la fatica, se vuoi, puoi scrivere.

Übung 8

a. «Ai grandi magazzini è possibile comprare dei vestiti a prezzi veramente eccezionali. Vogliamo andare a vedere?» «Sì, volentieri. Possiamo andare in autobus fino in centro e così non perdiamo tempo per cercare un posteggio.» «Il tre va direttamente da qui fino a Piazza Verdi.»

b. «Due giorni fa ho incontrato Guido.» «Sta ancora male?» «No, sta già molto meglio. Ha trascorso una lunga vacanza al mare. Adesso si può veramente dire che finalmente ha superato la malattia.» «Sono molto contenta per lui.»

c. «Ieri siamo andati a trovare Bianca e Vincenzo.» «Come stanno? Non ci siamo più visti da due mesi.» «Sono tornati dalle loro vacanze appena una settimana fa. Quest'anno hanno fatto un lungo viaggio all'estero.» «Si sono divertiti molto?» «Credo di sì! Almeno sono ritornati a casa molto contenti!»

Schlüssel L 11   167

Übung 9

Ecco il caffè dove andiamo la sera. Ecco la casa che mi sono trovata. Ecco la città che vorrei visitare. Ecco la lettera che ho scritto a Maria. Ecco il negozio dove mi sono comprato il vestito nuovo. Ecco il posto dove abbiamo trascorso le vacanze. Ecco la studentessa che si è iscritta al corso superiore.

Übung 10

– Ciao Karin! Dove vai? – Devo andare all'Università … – Aspetta un po', vogliamo prendere un caffè insieme? – Scusa, Marco, ma per il corso sono già un po' in ritardo … sono andata a letto abbastanza tardi e mi sono alzata appena mezz'ora fa. – Allora vengo all'università con te. Perché sei andata a letto tardi? – Perché sono andata a trovare degli amici. Sono amici di Vienna che si trovano a Siena appena da una settimana. – Andiamo a San Gimignano domenica o sei già occupata? – No, vengo volentieri. A che ora vogliamo partire? – Verso le 10. Sei d'accordo? – Sì, benissimo. Così abbiamo tutto il giorno a disposizione per visitare la città. – Sì, e se vuoi, la sera possiamo andare al concerto. È un concerto all'aperto di Severino Gazzelloni. – Chissà se troviamo ancora dei biglietti? – Certamente!

Lektion 12

Übung 2 b

a. Di dov'è che sei? **b.** Com'è che stai? **c.** Quand'è che parti? **d.** Da dov'è che arrivi? **e.** Cos'è che prendi per secondo? **f.** Di chi è che parli? **g.** Quant'è che costa questa macchina? **h.** Chi è che ha pagato il conto?

Übung 2 c

a. Con chi è che siete andati a pranzo? **b.** Di dov'è che è il dottor Guidi? **c.** Da quanto è che è a Firenze? **d.** Com'è che avete mangiato al «Michelangelo»? **e.** Quant'è che avete pagato? **f.** Quand'è che parte il dottor Guidi? **g.** Da dov'è che prende l'aereo?

Übung 3 b

a. vero **b.** falso **c.** vero **d.** vero **e.** vero **f.** falso **g.** falso.

Übung 4

a. Signore: Cameriere?

Cameriere: Eccomi! Che cosa desiderano i signori?

Signore: Il menù, per favore!

Cameriere: Eccolo, signore!

... desiderano

b. Signore: Ci porti intanto una bottiglia di Barolo.

Cameriere: Benissimo, signore.

... bottiglia

c. Signora: Io ordino subito. Vorrei un risotto di zucchini e ...

Cameriere: Mi dispiace molto, signora, ma è già finito.

Signora: E le lasagne ci sono ancora?

Cameriere: Sì, per le lasagne non ci sono problemi.

... 4.

d./e. Signora: Bene, allora mi porti le lasagne, un arrosto di vitello e una peperonata come contorno.

Cameriere: Benissimo, signora.

... 3; ... peperonata.

f. Signore: Io invece non ho molto appetito. Che cosa mi consiglia!

Cameriere: Preferisce del pesce o della carne?

Signore: Non so proprio che cosa prendere.

Signora: Perché non prendi un antipasto invece del primo?

Signore: Sì, ecco! Mi porti un prosciutto con fichi e di secondo vorrei un piatto di formaggi e una bella insalata mista.

Cameriere: Perfetto!

... 1.

g./h. Signore: Che verdure ci sono nell'insalata mista?

Cameriere: Pomodori, insalata verde, finocchi, peperoni e olive.

Signore: Allora, se non Le dispiace, lasci via i finocchi che non mi piacciono tanto.

Cameriere: Come desidera, signore.

... 3, 4, 6, 7; se non Le dispiace.

Übung 5

a. Frascati **b.** Asti **c.** Chianti **d.** Lambrusco **e.** Verdicchio **f.** Rosato del Salento **g.** Fiasco.

Übung 6b

1. Per Fausto nelle osterie c'è sempre troppa gente e troppa confusione. Preferisce andare in un ristorante dove è possibile mangiare e bere senza dover gridare. Nemmeno la musica delle osterie gli piace tanto, perché lui e la sua ragazza preferiscono la musica pop delle discoteche.

2. Per Cesarino l'osteria è un luogo familiare perché è vicina a casa sua e fin da bambino ha frequentato l'osteria di Romoletto con i suoi genitori. Lì ha conosciuto anche sua moglie e l'osteria è per lui come una seconda casa.

3. Sor Gigetto pensa che i giovani d'oggi non amano tanto le osterie perché hanno altri interessi come le macchine veloci o le motociclette.

Übung 7

a. prenda **b.** chiudete **c.** apri **d.** finisca **e.** venite **f.** smettete **g.** parta **h.** versa.

Übung 8

a. mi telefoni **b.** scusami **c.** mi scriva **d.** non stancarti **e.** non telefonarmi **f.** non si alzi **g.** mi permetta di darLe **h.** scusami, aprile, versale, ti dispiace.

Übung 9

A: Cameriere? O: Prego? A: Il menù, per favore! O: Ecco il menù (*oder* eccolo), prego. A: E mi porti per favore un'acqua minerale. B: Io vorrei ordinare subito, posso? O: Benissimo. B: Vorrei il menù numero due, arrosto di vitello con insalata mista … O: Il vitello arrosto è finito, signora. B: Be', allora prendo questo, la cotoletta! O: Naturale o impanata (*oder* alla milanese)? B: Questa qui, cotoletta alla milanese con patate fritte e insalata. O: Benissimo, signora. E desidera anche qualcosa da bere? B: Sì, mi porti per favore un quartino di vino rosso. O: Bene, signora. A: Non ha qualcosa di leggero? Non deve essere a tutti i costi carne o pesce: O: Vuole forse un piatto di formaggi? B: Ecco, prendi un piatto di formaggi con insalata. A: Formaggi? No, no, preferisco allora un petto di pollo con patate arrosto. O: Bene. E da bere, prende qualcosa? A: Sì, un vino rosso — ma no, meglio un vino bianco … O: Le porto l'uno e l'altro, se vuole. A: No, grazie, preferisco un vino bianco. O: Benissimo, signore.

Lektion 13

Übung 1

1. Ci fa una fotografia, per favore? (a.) **2.** Mi scusi, ci sa dire dov'è la stazione? (b.) **3.** Mi telefoni domani alle otto! (b.) **4.** Adesso ci racconti un po' del tuo viaggio, vero? (a.) **5.** Mi apre la bottiglia, per favore? (b.) **6.** Entri pure! Si accomodi! (a.)

Übung 2

appena, già; abbastanza, piedi; colazione, usciti; passeggiata, giardini, magnifici; gode; fotografie, prenderle.

Übung 3 b

a. falso **b.** falso **c.** vero **d.** vero **e.** falso **f.** falso **g.** vero.

Übung 4

1. – Scusi, mi sa dire come si arriva da qui alla stazione?
  – Prenda la prima via a sinistra e vada sempre dritto. (b.)
2. – Hotel Benci! Buongiorno!
  – Mi scusi, vorrei parlare al signor Lama.
  – Mi dispiace, ma non è in camera. È uscito con la moglie mezz'ora fa.
  – Allora, se non Le dispiace, gli dica quando rientra di telefonare al 65.88.59. (d.)
3. – No, questa è troppo cara per me. Quanto costa quella?
  – 20.000 lire, signora!
  – È buona?
  – Sì, fa delle ottime fotografie e non è così complicata come l'altra. (a.)
4. – Buongiorno! Vorrei prenotare un tavolo per quattro per domani sera.
  – Mi dispiace, signore, ma la domenica il nostro ristorante è chiuso.
  – Anche a mezzogiorno?
  – Sì, nel mese di agosto, tutto il giorno. (c.)
5. – Mi dai un momento la pianta della città, per favore?
  – Aspetta, devo cercarla nella borsetta. Eccola!
  – Noi adesso siamo qui e la Via Verdi è qui …
  – Allora, andiamo dritto per la Via Ghibellina e alla terza a sinistra siamo in Via Verdi. (a.)

Übung 5

a. sa, posso, sanno **b.** sa, può **c.** sa, può **d.** sapere, può **e.** sa, può.

Übung 7

Quell'albergo … è un palazzo di Michelangelo. Quegli alberi … sono molto vecchi. Quell'albero … è un fico. Quella collina … è alta 800 mt. Quei fiori … sono delle orchidee del Brasile. Quel giardino … è il parco del nostro albergo. Quell'isola … è Murano. Quelle piante … molto belle.

Schlüssel L 13

Quel ponte … è Ponte Vecchio. Quegli stranieri … sono dei turisti americani. Quello studente … è l'amico di Giorgio.

Übung 8

1. Il signor Müller chiede al cameriere di chiudere la finestra e dice: … (a.)
2. Franco chiede ad Anna la pianta della città. Anna gli risponde: … (b.)
3. Anna e Franco chiedono ad un passante di fotografarli insieme e dicono: … (a.)
4. Franco cerca le sue sigarette e non le trova. Anna gli dice: … (b.)
5. Suonano alla porta. Anna va ad aprire e dice: … (c.)
6. Marisa vuole il gelato, ma la mamma le dice: … (c.)
7. Anna e Franco hanno fatto i progetti per una gita. Franco domanda ad Anna: … (b.)

Übung 9

– Mi scusi, per favore. Può (*oder* sa) dirmi come si arriva alla stazione da qui? – È a piedi o in macchina? – A piedi. È molto lontana da qui? – No, no, veramente sono solo 10 minuti …, ma se non si sa la strada è un po' complicato. Guardi, vede quella grande chiesa? – Sì, la vedo, quella con i due campanili, vero? – Proprio quella! Adesso Lei va fino alla chiesa e subito dopo la chiesa deve voltare a sinistra, poi va sempre dritto e alla – uno, due, tre, quattro, cinque – alla quinta strada deve voltare di nuovo a sinistra. – Alla quinta, ha detto, vero? – Sì! Poi arriva ad un ponte, passa il ponte e dopo 200 metri vede già la stazione. – Mah, facile non è! Chissà se la trovo? Non sono pratico di questa città. Comunque, grazie mille. – Se non trova la strada, forse può chiedere un'altra volta.

Lektion 14

Übung 1b

a. Incontriamoci …! **b.** Ci troviamo …? **c.** Ci sediamo …? **d.** Prendiamoci …! **e.** Ci mettiamo …? **f.** Ci diamo …? **g.** Rivediamoci …! **h.** Telefoniamoci …!

Übung 1c

a. Dammi …! **b.** Mi dà …? **c.** Mi dai …? **d.** Mi dia …! **e.** Mi fai …? **f.** Mi fa …? **g.** Fammi …! **h.** Mi faccia …!

Übung 2b

a. falso **b.** vero **c.** falso **d.** falso **e.** vero **f.** falso **g.** vero **h.** falso.

Übung 3

a. andare, andiamo, vieni **b.** vengo **c.** vado, vai, vai **d.** vengono, vanno, andare **e.** venire **f.** vado, andare.

Übung 4

Caro Bruno, **a.** Anna e Walter sono appena arrivati a Roma da Milano. **b.** Hanno telefonato alle due e mezza e hanno detto che vogliono restare due giorni a Roma dalla loro zia. **c.** Ho preso l'occasione per invitarli stasera a cena. **d.** Purtroppo non ho avuto tempo di fare la spesa. **e.** Ti prego di andare al negozio all'angolo per (*oder* a) comprare alcune cosette. Compra 2 bottiglie di vino, una bottiglia di acqua minerale, mezzo chilo di pomodori, un po' di frutta e una torta gelato. **f.** Vieni a prendermi in ufficio alle sette. Ti aspetto al bar se arrivi in ritardo. Claudia.

Übung 5

1. – Ha una guida della città, per favore?
  – Ne ho ancora una: è proprio l'ultima. (falso)
2. – Può rispondere a un paio di domande?
  – Veramente non ho proprio tempo, sa? (falso)
3. – Mi dà del parmigiano, per favore?
  – Mi è rimasto solo questo pezzo piccolo, signora.
  – È un po' poco, ma va bene così. (falso)
4. – Quale corso mi consigli?
  – Quello medio, ma anche quello superiore può andar bene per te.
  – No, preferisco iscrivermi a quello meno difficile. (vero)
5. – Scusi, signora, sa dirmi dov'è la posta?
  – Mi dispiace, ma neanch'io sono di qui. (falso)
6. – Vieni al cinema con noi stasera?
  – Se ho tempo, sì! (falso)
7. – Hai già visto il nuovo supermercato che hanno aperto?
  – No, ne ho solo sentito parlare. (vero)

Übung 6

1. Belle, grandi dolci come il miele, tutto succo! Venga signora! Solo 500 lire al chilo, oggi! Appena arrivate dalla Sicilia! (b.)

2. Fresche, le abbiamo fresche oggi! Quante ne vuole, signora? Sei o dodici? Venite, venite a vedere! Freschissime, da bere! (d.)

3. Ultimo giorno, ultima offerta! Solo di prima qualità! Tutto il pezzo, 1.000 lire, signora! Reggiano, reggiano di prima qualità! Venite, venite a comprare il vero reggiano! (c.)

4. Tutta roba fresca, oggi! Venga, signora! Lo porti indietro se non è fresco! Garanzia assoluta! Roba dei nostri mari. (c.)

Übung 7

a. facci **b.** fammi **c.** mi dia **d.** fateci **e.** mi diano **f.** dammi **g.** dacci **h.** mi faccia **i.** mi facciano.

Übung 8 b

a. Perché ci sono anche delle persone di 40 e 50 anni. **b.** Dice che molti entrano in un supermercato solo per comprare alcune cosette e poi invece comprano anche altre cose. Dice anche che quando la gente vede l'offerta speciale la compra senza pensare se ha veramente bisogno di quel prodotto o no. **c.** È un paese ricco perché c'è molto benessere privato. **d.** È uno dei più poveri perché non c'è benessere sociale. **e.** Il benessere privato è quello che io posso comprare con i miei soldi. Il benessere sociale quello che mi può dare lo stato quando ho bisogno di scuole, di ospedali o della pensione.

Übung 9

– Per stasera vorrei fare gli spaghetti alla bolognese. Di che cosa ho bisogno? Che cosa devo comprare? – Senz'altro gli spaghetti. Per il sugo ti servono dei pomodori, della carne, alcune verdure e degli aromi. Soprattutto hai bisogno di molto tempo. – Come mai? È così difficile fare gli spaghetti (alla bolognese)? – No, non è difficile, ma per un buon sugo hai bisogno di almeno due ore. – Allora ne compro uno già pronto. – Sì, però non è tanto buono. – Forse, no! Ma non posso mica perdere due ore in cucina, io! Sai? Ho un'idea migliore. Compro del pane, un po' di prosciutto e un po' di formaggio. – Proprio come tutte le sere! Ma va bene anche così!

Lektion 15

Übung 1

1. Perché non mi hai detto che devi partire già domani! (a.)

2. Per me puoi partire anche domani, se vuoi! (b.)

3. Ma sì! Anche se arriviamo in ritardo, non importa, no? (b.)

4. Ma che dici? 30 anni ha Giuliana! Ma non è possibile! (b.)

5. Caspita! Che buono questo gelato! (b.)

6. Questa è l'ultima settimana di ufficio! E poi ... in vacanza! (b.)

7. Caspita! Che voce eccezionale ha il tenore! (a.)

8. Ma guarda un po' chi si vede! (a.)

9. Caspita! Non si può chiudere quella finestra? (a.)

10. Mica buono questo risotto, eh! Io lo faccio meglio! (a.)

11. Cosa? Le mele a 1.000 lire! Ma che sono d'oro? (b.)

12. Ho telefonato subito, ma non ci sono più posti per stasera! (a.)

13. Mi dispiace proprio che non hai potuto dormire bene. Ma come mai? (b.)

Übung 2

gita, ieri; città, senz'altro; piaciuto, costruita, verdi; vecchia, che, quattro, esempio, ogni, fiori, verdura; chiese, balcone.

Übung 3 b

a. vero **b.** falso **c.** falso **d.** falso **e.** falso **f.** falso **g.** vero **h.** falso, **i.** falso.

Übung 5

– Domani è domenica. Che cosa vogliamo fare?

– Se il tempo è bello, possiamo andare al mare. Che ne dici tu, Francesca?

Domanda 1. (Che ne dici tu ...)

– Lo sai che di domenica non mi piace andare al mare, con tutta la gente che c'è! Già per il traffico devi perdere due ore.

– Sì, è vero! Neanche a me piace andare al mare di domenica.

Domanda 2. (... con tutta la gente che c'è)

– Possiamo andare a Terracina dai miei! Gli telefono stasera e gli dico che arriviamo all'ora di pranzo. Sei d'accordo, Paolo?

– Ogni domenica, sempre la stessa cosa! Io non mi diverto mica tanto, sai? Vabbé che sono i tuoi genitori, ma a me farmi due ore di macchina da Roma a Terracina, poi arrivare lì, andare subito a tavola, mangiare a più non posso – perché se non mangio tutto, tua madre non è contenta – a me insomma passare una domenica così proprio non mi piace.

Domanda 3. (b.)

– Allora, sài che facciamo? Telefoniamo ad Anna e Rodolfo e gli chiediamo se vogliono venire con noi a pranzo.

– A pranzo, dove?

– Ma non so, fuori Roma comunque.

Domanda 4. (Roma)

– Figurati che bel divertimento! Con Anna e Rodolfo che parlano sempre dei loro problemi familiari, dei loro problemi economici, che non ridono mai e che parlano sempre e solo di soldi. No, grazie tante, ma io preferisco stare a letto tutto il giorno.
– Bene, allora restiamo a letto tutto il giorno! Per me va bene anche così.
Domanda 5.

Übung 6

a. L'Arena di Verona può contenere 25.000 spettatori. **b.** L'Arena è più grande del Colosseo? **c.** ˙No, il Colosseo è più grande e più antico dell' Arena. **d.** È vero che l'Arena è uno dei teatri lirici più importanti? **e.** L'Arena è l'unico teatro all'aperto in Italia? Ne conosci altri? **f.** Sì, conosco le Terme di Caracalla a Roma. Anche qui danno delle opere e dei concerti. Ma di teatri all'aperto ne trovi molti in Italia.

Übung 7

Andare al cinema è uno dei miei divertimenti … Il Bardolino è uno dei vini migliori … Il Colosseo è uno dei monumenti … Il Duomo è una delle chiese … L'Aida è una delle opere … L'Arena è uno dei giornali … Il Piccolo Teatro è uno dei teatri … La Piazza delle Erbe è una delle piazze … Verona è una delle città … .

Übung 8 b

Folgende Sätze entsprechen nicht der Aussage des Textes:
Giuliana invece è sposata, ma non ha figli (= geht aus dem Text nicht hervor). … e la sua professione è quella di venditore di giornali (falsch; dem Text ist vielmehr zu entnehmen, daß Giorgio für eine Zeitung arbeitet, vielleicht als Journalist oder Setzer, aber nicht, daß er Zeitungen verkauft). Per questa sua professione … bis alle sette (falsch, weil er nicht jeden Abend beschäftigt ist). Romeo e Giulietta di Shakespeare (geht aus dem Text nicht hervor). Alle undici … (Sie sprechen am Telefon in der Zeit zwischen 16.00 und 18.00 Uhr). Giuliana può andare … bis un giornalista (es ist Paola, die nur heute abend frei ist; von der Verabredung mit dem Journalisten ist im Text keine Rede).

Übung 9

– Buon giorno! Ha ancora dei biglietti per la rappresentazione di stasera?
– Sì, ne ho ancora alcuni, ma solo in seconda galleria. – Non importa!
– Quanti ne vuole? – Tre, per favore! – Bene. E il Suo nome? – Va bene,

signora Becchi. – E senta, fino a che ora posso venire a prendere i biglietti? – Fino alle otto, ma non più tardi, per favore! – Caspita! E come facciamo adesso? Ma la rappresentazione comincia solo alle otto e mezzo, vero? – Esatto! Ma per i biglietti prenotati si deve venire già alle otto. – Be', allora devo chiedere al mio amico di venire lui a prendere i biglietti. Si chiama Bocchi. – Va bene! Buona sera, signora Becchi.

Lektion 16

Übung 1 b
a. vero **b.** vero **c.** falso **d.** falso **e.** falso **f.** falso **g.** vero **h.** falso.

Übung 2
in campagna, al cinema, dai genitori, a letto, al mercato, dai miei amici, in montagna, a teatro, in ufficio, in vacanza.

Übung 3
a. – Ho dimenticato di portare l'ombrellone! Mi dispiace!
     – Non importa! Ci mettiamo sotto questo albero. (falso)

b. – Sandra, vuoi un panino con il prosciutto o con il formaggio?
     – Con il formaggio, ma più tardi. (vero)

c. – Pierino, non cominciare ad andare in acqua. Devi aspettare ancora un'ora almeno!
     – Ma se abbiamo mangiato già due ore fa! (falso)

d. – Carla, che cosa leggi di tanto interessante?
     – Niente di speciale. È l'ultimo numero dell'«Espresso». (vero)

e. – Prendi il salvagente, se vai a fare il bagno, mi raccomando!
     – Ma mamma! L'acqua mi arriva appena qui! (vero)

f. – Com'è l'acqua, oggi?
     – Mica tanto calda, eh! (vero)

g. – Si sta bene oggi, eh! Non c'è anima viva!
     – Oggi, sì, ma di domenica è tutta un'altra cosa! (falso)

h. – Chissà se c'è del pesce in questo fiume!
     – Perché no? L'acqua è così pulita! (falso)

Übung 4
a. Ieri sera siete andati all'opera, vero? **b.** Che cosa avete visto? **c.** L'ultima opera di Zimmermann. Un pezzo modernissimo **d.** Vi è piaciuto? (wenn

Schlüssel L 16   177

auf «pezzo» bezogen, *oder* «piaciuta» auf «opera» bezogen) **e.** A me è piaciuto moltissimo, ma a mio marito no. **f.** Che cosa non gli è piaciuto? **g.** A lui non sono piaciute le voci dei cantanti. **h.** Come mai? Non hanno cantato bene? **i.** Sì, sì, per me sì. Ma a mio marito non piacciono le opere moderne.

Übung 5

semplici, porta, meraviglioso, acque, montagne, caratteristiche, terrazze; dal, ed; contiene; chiamati, hanno, fascino, paesaggio, carattere, stesso; questi, è.

Übung 7

Murano, 25 luglio 1979. Egregio Signor Schmidt, la Sua lettera del 22 luglio 1979 è appena arrivata e vorrei darLe subito una risposta. Nella Sua lettera domanda se è possibile visitare la nostra vetreria. Siamo sempre contenti della visita di colleghi stranieri, ma proprio nei giorni dal 13 al 19 agosto siamo chiusi per ferie. In questa settimana chiudono anche tutte le altre fabbriche qui a Murano. Dal 21 agosto in poi la nostra fabbrica è di nuovo aperta. Se non può più cambiare i Suoi progetti di viaggio venga almeno a trovarci (*oder* ci faccia almeno una visita) nel nostro negozio in Piazza San Marco. Il negozio rimane aperto tutto il mese di agosto.
Dalla Sua lettera capisco che Lei si occupa già da molti anni di arte vetraria. Per questo vorrei informarLa che a Murano abbiamo un Museo di arte vetraria che contiene una collezione unica al mondo dell'arte vetraria dall'antichità ai nostri giorni. Non perda l'occasione di visitare il museo quando viene e Venezia. Distinti saluti, G. V.

Lektion 17

Übung 1 b

a. vero **b.** vero **c.** falso **d.** falso **e.** falso **f.** vero **g.** vero **h.** falso.

Übung 2

a. Ho appena telefonato al dottor Marchi e gli ho detto che ho ricevuto il suo numero da te (*oder* che sei stata tu a darmi il suo numero). **b.** Il dottor Marchi è stato molto gentile e mi ha chiesto subito i sintomi della malattia del bambino. **c.** Gli ho raccontato che il bambino non si sente bene già da ieri sera e che ha la febbre, mal di gola e un po' di raffreddore **d.** Mi ha raccomandato di andare subito in farmacia e di comprare delle supposte di Uniplus; il dott. Marchi può venire solo verso mezzogiorno subito dopo l'ambulatorio. **e.** Sono già andata a comprare le medicine e ho già messo una supposta al bambino. **f.** Sono molto preoccupata della malattia del bambino: la febbre è già salita a 38 e mezzo.

Übung 3

a. 3 **b.** 2 **c.** 4 **d.** 1

Übung 4

I bambini a scuola si domandano perché Dino oggi non c'è. Uno dice che forse è malato perché già ieri ha cominciato a sentirsi male. A casa il bambino è a letto e sua madre gli dice che è malato e che ha la febbre a 38. La mamma vuole chiamare un medico. Il medico arriva e visita il bambino. Vede che ha la gola arrossata e gli dice che ha l'influenza. Il medico gli dà subito una medicina. Sono delle gocce. Il bambino ne deve prendere 20 tre volte al giorno.

Übung 5 b

... sono invitata a cena da Maria per le otto e mezza. – Domani non posso perché vado all'opera a vedere le nozze di Figaro. – Martedì e mercoledì sono a Venezia. Vado a vedere la Biennale con Maria e Giorgio. Partiamo il martedì alle 10 e mezza e ritorniamo mercoledì a mezzanotte meno un quarto. – Giovedì ho un appuntamento con Claudia per le nove al caffè Biffi. – Venerdì vado al cinema, vado a vedere «Teorema» di Pasolini. – Sabato sono libera, se vuoi possiamo andare al cinema insieme.

Übung 6 a

a. – Buon giorno, signor Pulignano! Qui Franken.

– Ah, signora Franken! Dica, signora!

– Ho bisogno di un grande favore, signor Pulignano.

– Dica pure, signora! In che cosa posso aiutarLa?

(aiutarLa)

b. – Peter, il mio bambino, è malato ...

– Oh mi dispiace, signora! Che cos'ha?

– Niente di grave, spero! Sa come sono i bambini.

– Certo, certo. Forse ha preso un po' di freddo. Ha già chiamato un medico?

(grave)

Schlüssel L 17   179

c. – Sì, gli ho appena telefonato e mi ha detto che viene a mezzogiorno. Ecco, vede signor Pulignano, non posso lasciare il bambino da solo e vorrei chiederLe se mi può mandare su la spesa.

(2)

d. – Ma certo, signora! Che cosa Le serve?

– Mi servono 12 uova, 2 etti di prosciutto crudo, mezzo chilo di patate e poi della frutta. Ne ha ancora di quelle mele che mi ha dato ieri?

– No, signora, purtroppo non ne ho più. Ma ho dell'uva bianca dolcissima se la vuole.

(non ne ho più)

e. – Benissimo! E mi mandi anche 3 o 4 banane. A che ora può venire il commesso?

– Non lo so, signora, ma senz'altro per mezzogiorno è da Lei. Le va bene?

(a che ora)

f. – Va benissimo. Non dimentichi il conto, signor Pulignano!

– Non si preoccupi, signora! Il conto lo può pagare domani o dopodomani quando passa. ArrivederLa, signora.

– ArrivederLa signor Pulignano e grazie mille!

(non dimentichi)

Übung 7

Che disturbi ha, signor Klein? – Veramente non lo so, ho degli strani sintomi. – Che cosa per esempio? – Non ho appetito, per esempio! Da una settimana mangio pochissimo e quello che mangio non mi piace. – E che cosa si sente ancora? – Stanco, sono sempre stanco, già quando mi alzo. – Ha anche dei dolori? – Sì, qualche volta, alle gambe. – Si spogli per favore! Sì, il Suo fegato è un po'ingrossato. Ha già avuto dei disturbi al fegato? – Veramente no. – Beve molto alcool? – No, un bicchiere di vino forse quando mangio. Cognac e whisky mai o quasi mai. – Bene, allora Le prendo un po' di sangue e domani Le so dire che disturbi ha. – Ho qualcosa di grave, dottore? – Non lo so ancora; aspetti per favore fino a domani.

Übung 8

Carissima Anita, purtroppo devo darti una notizia non molto bella: da due giorni Peter è a letto malato con l'influenza e non sta ancora meglio, anche se il medico gli ha ordinato delle medicine. Ha ancora la febbre abbastanza alta e un forte mal di gola. Il medico mi ha detto stamattina che non è niente di grave, ma che deve stare a letto ancora una settimana, o forse anche di più. Speriamo di no! Anche perché è una grandissima fatica tenerlo a letto tranquillo. Ti scrivo non appena Peter sta meglio. Un affettuoso saluto tua Ingrid.

Lektion 18

Übung 1 b
a. falso **b.** vero **c.** vero **d.** falso **e.** vero **f.** falso **g.** falso.

Übung 2
dai; dei, di; in, a; in, a, in, per, dalle, fra; allo, a, da, da, a; di; fa, da, in; degli; di, in; da, alle, alle; di; a.

Übung 4
a. – Conosci i Bianchi, Giovanna?
  – La signora la conosco bene, ma suo marito non l'ho mai visto. (vero)
b. – Scusi, potrei fare una telefonata?
  – S'accomodi in fondo a sinistra! (falso)
c. – Posso offrirLe una sigaretta?
  – Ne preferisco una delle mie, grazie. (vero)
d. – Hai pagato il conto al cameriere?
  – Certo! Gli ho lasciato anche qualcosa. (vero)
e. – Allora, L'aspettiamo domani sera alle otto e mezza.
  – Bene, grazie! Sono proprio contenta di passare una serata in Loro compagnia. (falso)
f. – Come mi sta questo vestito? È bello, vero?
  – Sì, molto, ma non mi piaci con questo colore. (falso)
g. – Hai mica degli impegni di lavoro per domani sera?
  – No, perché?
  – I Magnani ci hanno invitati a cena. (falso)
h. – Le do il mio nuovo numero di telefono, signora.
  – Credo di averlo già. Non è 61-20-19?
  – No, adesso è 65-88-59. (falso)

Übung 6
– Carriiissssimo! Come va? Non vi abbiamo più visti in quest'ultimo mese! Com'è che state?

Schlüssel L 18   181

- Benissimo, Gianni, grazie! E tu e tua moglie?
- Non c'è male. In questi giorni sono solo in città. Mia moglie è partita per il mare con la bambina.
- Eh già, «agosto, moglie mia non ti conosco», dice il proverbio! E tu rimani qui da solo?
- No, la prossima settimana cominciano le ferie anche per me e vado anch'io al mare con loro. Ma dimmi, dov'è che siete stati voi? Anna vi ha cercati, vi ha telefonato un paio di volte … ma non vi ha mai trovati.
- Siamo ritornati giovedì. Siamo stati una settimana in campagna dai miei. Ma senti, Gianni, se sei solo, perché non vieni da noi a cena una di queste sere? Anche stasera, se vuoi … ah no! stasera siamo dai genitori di Marisa, ma domani, se vuoi, puoi venire.
- Grazie, Paolo! Mi farebbe proprio piacere passare una serata con voi.
- Bene, allora ti aspettiamo per le otto e mezza.
- Grazie, Paolo, e salutami Marisa!

Übung 8

Martina e Bruno hanno invitato a cena Anita e Walter. Martina ha preparato un arrosto di vitello con patate arrosto e una bella insalata mista.
- Sei pronta? Sono già le otto.
- Non abbiamo dimenticato niente? I bicchieri sono in tavola?
- Sì, c'è tutto. Va a prendere le sigarette per favore. Sono in cucina.
- Ecco, adesso possono anche venire.
- Accendi la radio e cerca un po' di musica. Io ti preparo intanto un aperitivo, vuoi?
- Che ora è adesso? Già le nove e un quarto?
- Ma, senti, per quando li hai invitati?
- Per oggi, domenica, alle otto e mezza.
- Non capisco. Forse hanno dimenticato l'invito.
- Non è possibile. Proprio ieri sera ho telefonato ad Anita. Sono contenta di venire domani da voi, mi ha detto.
- Quanto tempo vogliamo ancora aspettare? Telefonagli!
- Sì, adesso lo faccio. Non c'è nessuno. Non sono a casa.
- Bene. Cominciamo a mangiare.

Alle undici suona il telefono.
- Ciao, Anita, ma dov'è che siete? Vi abbiamo aspettati tutta la sera. Alle nove e mezza abbiamo telefonato, ma non ha risposto nessuno. E allora abbiamo pensato che non potete più venire e abbiamo cenato.

– Ci dispiace moltissimo, Martina. Dovete scusarci, ma purtroppo non abbiamo potuto venire. I miei genitori sono venuti stamattina e abbiamo fatto una gita a Bolzano e abbiamo perso moltissimo tempo per il traffico festivo. Siamo arrivati a casa proprio adesso.

– Avete già cenato?

– No, non ancora.

– Bene, allora venite subito!

Lektion 19

Übung 1b

a. falso **b.** falso **c.** falso **d.** falso **e.** vero **f.** falso **g.** vero **h.** falso.

Übung 2

a. di, da, da **b.** da, di **c.** di, di, da **d.** di, di, di, da **e.** di, di, da **f.** da, da.

Übung 4a

– Ho proprio bisogno di andare dal parrucchiere. Signora Gatti ne conosce uno bravo qui vicino?

– Ma perché non va dal mio, signora Arndt? È molto bravo, sa?

– Sì, mi piace molto come Le fa la piega, così naturale. E dov'è?

– È in centro, proprio vicino al caffè Pedrocchi dove siamo state ieri.

– Oh, ma allora è molto lontano … purtroppo non ho molto tempo.

– Allora vada dal parrucchiere qui all'angolo. Che cosa deve fare?

– Solo lavare e fare la piega.

– Ah, ma allora, se non deve farli tagliare, il parrucchiere qui vicino va benissimo. Oggi è mercoledì, vero?

– No, no, martedì.

– Bene, ancora meglio! Se va adesso, non trova molta gente …

– Ma è aperto, vero?

– Sì, sì! Senz'altro! I parrucchieri chiudono di solito il lunedì o il mercoledì.

– Bene, allora vado subito.

Übung 4b

1. Ho … bisogno di … **2.** c; **3.** c; **4.** b.

Übung 4c

Falsch sind folgende Teile: vorrebbe farsi tagliare i capelli / che non è lontano da casa / che taglia molto bene i capelli / però dal parrucchiere c'è

Schlüssel L 19   183

senz'altro molta gente / perché il martedì i parrucchieri hanno molto da fare / dal parrucchiere in centro.

Übung 5

a. Non ha una camera meno cara di questa? **b.** Non ha una camera più comoda di questa (*oder* meno scomoda)? **c.** Non ha un'aranciata più fresca di questa? **d.** Non ha un numero più recente di questo? **e.** Non ha un aperitivo meno forte di questo? **f.** Non hai del vino meno dolce di questo? **g.** Non ha un paio di scarpe più alte di queste? **h.** Non ha degli scampi più grandi di questi?

Übung 6

So könnte der Brief lauten: Carissimo Paolo, devi scusarmi se ho aspettato tanto a rispondere alla tua lettera, ma nelle ultime settimane ho avuto moltissimo da fare. Ho cambiato posto di lavoro. Adesso lavoro in un'altra agenzia viaggi. Sono molto contento del nuovo posto perché il lavoro è più interessante e i colleghi sono più simpatici (gentili). Tutta la famiglia sta bene. Mia figlia Irene ha appena superato una grave influenza. Spero di rivederti fra un mese perché ho l'intenzione di passare anche quest'anno le vacanze a Castel Gandolfo. Un caro saluto.

Übung 7

a. Il pesce costa meno della carne. **b.** Le MS sono più forti delle HB. **c.** Viaggio più volentieri in treno che in aereo. **d.** La pettinatura sta meglio a te che a me. **e.** La tua macchina è meno veloce della mia. **f.** Al supermercato i prezzi sono migliori che nei piccoli negozi. **g.** Mia moglie spende meno soldi di me. **h.** Io ho i capelli più lunghi di te.

Übung 8

La signora Morini vorrebbe andare dal parrucchiere. Telefona da «Antonio».

– Buon giorno. Il mio nome è Morini; vorrei un appuntamento per la settimana prossima.
– Un momento, per favore. Che cosa deve fare?
– Vorrei una nuova pettinatura.
– Bene, allora taglio, shampo e piega, vero?
– Sì, è possibile avere un appuntamento per mercoledì mattina?
– Mi dispiace, signora, ma il mercoledì siamo chiusi (abbiamo chiuso).
– È vero! E martedì? Ha molto da fare il martedì?
– No, c'è meno lavoro che negli altri giorni.

– Allora vengo martedì alle nove. Le va bene?
– Sì, benissimo.
– Però a mezzogiorno ho un appuntamento importante dal medico. Sono pronta per le undici e mezza?
– Credo di sì, signora … ma forse è meglio se viene già alle otto e mezza.
– Bene!
– Com'è che ha detto che si chiama?
– Morini.
– Bene, a posto signora Morini. ArrivederLa.
– A martedì allora.

Lektion 20

Übung 1b
a. vero **b.** falso **c.** falso **d.** falso **e.** vero **f.** vero **g.** falso.

Übung 2
a. buon, buoni **b.** buon **c.** buon **d.** buone **e.** buone **f.** buona (*oder* buon')
g. buona (*oder* buon') **h.** buoni.

Übung 3
Si paga meno la domenica e nei giorni festivi, il sabato dalle 14.30 alle otto e dalle 21.30 alle otto nei giorni da lunedì a venerdì.

Übung 4a
Il signor D'Alessio è il proprietario del ristorante Apollo nel centro storico di Siena.
– Signor D'Alessio, il centro storico di Siena è chiuso al traffico da alcuni anni. Secondo Lei, è stata una buona idea, o no?
– Ottima, anche se nei primi mesi ci sono state molte proteste. I Senesi, ma soprattutto i proprietari dei negozi qui in centro, hanno detto: «Se uno, per venire a fare la spesa in centro, deve prima cercarsi un parcheggio, fare a piedi un bel pezzo di strada e poi, dopo aver comprato quello che gli serve, portare sporte e sportine fino al parcheggio, allora è meglio andare in altri negozi fuori città e non venire più qui in centro.»
– Ed è stato così?
– No, per niente! Dopo le prime proteste la gente ha scoperto il piacere di andare a piedi, di guardare le vetrine dei negozi e fare tranquillamente la spesa senza dover fare attenzione alle macchine e al traffico.

Schlüssel L 20   185

– E per i ristoranti come il Suo, per esempio, è stato un vantaggio o no?
– Certamente! I turisti arrivano di solito la mattina, lasciano la macchina al grande parcheggio della Fortezza e visitano la città a piedi. A mezzogiorno o l'una preferiscono mangiare qui in centro, così dopo possono continuare il loro giro.

Übung 4b

Falsche Aussagen: da alcuni mesi / e un negozio di generi alimentari / degli svantaggi.

Übung 5

a. L'aereo che parte per Napoli alle sette è molto comodo. **b.** Le due bottiglie di vino che Paolo ci ha portato le abbiamo già bevute. **c.** Le mele che ho comprato oggi al mercato sono veramente ottime. **d.** La gita che abbiamo fatto domenica scorsa a Siena ci è piaciuta molto. **e.** Le pastiglie di vitamina che ho comprato sono molto buone. **f.** L'amico che ti ha telefonato si chiama Giorgio. **g.** La casa che i Rossi si sono costruiti si trova a Bracciano. **h.** La zona pedonale che c'è a Siena è molto grande.

Übung 6

La signora Brandi sale in autobus e incontra la signora Levi, un'amica di sua sorella.
– Buon giorno, signora Levi.
– Signora Brandi, che (bella) sorpresa!
– Come sta? Sediamoci qui, così possiamo parlare meglio.
– Volentieri. Va spesso con quest'autobus, signora Brandi?
– Sì, sempre. È l'unico autobus che va in città. E Lei? Non l'ho mai vista su quest'autobus?
– Non vado quasi mai in autobus. Ma oggi mia figlia ha bisogno della macchina e mi sono decisa a prendere l'autobus.
– Dove deve andare?
– Devo scendere vicino alla stazione.
– Bene, allora scendiamo insieme. Ma mi dica, come sta? Mia sorella mi ha raccontato che è stata male.
– Sì, però adesso sto molto meglio. Ho un buon medico. Fra i medici che ho avuto fino ad oggi è il migliore.
– Allora alla prossima fermata dobbiamo scendere. Suoni il campanello, per favore!

Verzeichnis der grammatischen Strukturen

In *Italienisch für Sie 1* werden folgende grammatische Strukturen behandelt: (Die arabischen Zahlen hinter jedem Schlagwort beziehen sich auf die Lektion, die Großbuchstaben auf die Paragraphen der jeweiligen Lektion.)

I. Das Verb

1. Präsens Indikativ
a. von essere 1C; 1F
b. von avere 3F
c. regelmäßige Konjugation 3D; 4C; 4G; 5E; 5G; 6G; 7E
d. c'è – ci sono 5C
e. unregelmäßige Konjugation: andare 3I; 5E; 6G; dare 11B; dire 16D; fare 14D; piacere 16F; sapere 13C; sedersi 11F; tenere 14C; uscire 11F; venire 14C

2. Perfekt
a. Bildung des Perfekts mit essere bzw. avere 9D
b. Perfekt der Reflexivverben 11D
c. Unregelmäßige Perfektbildung 9E

3. Imperativ
a. Bildung des Imperativs 3D; 10D
b. Imperativ in der höflichen Anrede 12D
c. Imperativ in der negativen Form 10D
d. unregelmäßige Imperativbildung: avere 20F; dare 14F; essere 20F; fare 14D; tenere 14C; venire 14C

4. Konditional
a. vorrei/vorrebbe – potrei/potrebbe 18D
b. mi farebbe piacere 18E
c. mi piacerebbe 19F

5. Das reflexive Verb
a. Konjugation der reflexiven Verben 11C
b. Perfekt der reflexiven Verben 11D

6. Die Modalverben: potere – dovere – volere
a. Formen der Konjugation im Präsens Indikativ 3D; 8D
b. Modalverben in Verbindung mit dem Personalpronomen; vgl. Personalpronomen

7. Infinitiv
a. Infinitivkonstruktion ohne Präposition 6F
b. Infinitivkonstruktion mit a 10E
c. Infinitivkonstruktion mit da 19C

8. Besondere Anwendungen einiger Verben
a. avere bisogno di = brauchen 7D
b. andare a trovare = besuchen 10E
c. importare/non importa = macht nichts 15G
d. piacere = gefallen 16F; 19G
e. ringraziare qualcuno = jdm. danken 18C
f. servire/mi serve = ich brauche 14E
g. stare/come sta? = wie geht es Ihnen? 1E

II. Das Substantiv

Pluralbildung der Substantive
a. Maskulina auf -o 3G
b. Feminina auf -a 3G
c. Maskulina/Feminina auf -e 4E
d. endungsbetonte Substantive 3G
e. zusammenfassende Darstellung mit Besonderheiten 7C
f. Geschlecht einiger Substantive auf -ta, -ga 3C

III. Der Artikel

Formen
a. der bestimmte und unbestimmte Artikel im Singular 1H; 2C; 2H; 3C; 4D
b. der bestimmte Artikel im Plural 4D
c. der Partitivartikel 6E
d. Anwendung des Artikels bei geographischen Namen 5F
e. Anwendung des Artikels bei signore, signora, signorina 1D

IV. Das Adjektiv

1. Adjektive auf -o und -e 4F
2. Übereinstimmung des Adjektivs mit dem Substantiv 1G; 4F
3. das Adjektiv bello 13E
4. das Adjektiv buono 3E; 20C
5. Steigerung des Adjektivs 3E; 15C–E; 19D–F; 20C–D

V. Das Adverb

1. Bildung der Adverbien 11E
2. Steigerung des Adverbs 3E; 20E
3. die Adverbien dove, di dove 2E–F

VI. Die Negation

Die Negation non in Verbindung mit mai, niente/nulla, nessuno, nemmeno 10C, mit né ... né 17B

VII. Das Personalpronomen

1. Anwendung des Personalpronomens als Subjekt 3F
2. Anwendung des Pronomens in der höflichen Anredeform 3F
3. Dativformen 12C; 16F
4. Akkusativformen 13F; 17D; 17F; 18F; 18G
5. Stellung des Pronomens 12E; 13F
6. das Pronominaladverb ne 14G
7. das Pronominaladverb ci (mit essere) 5C

VIII. Das Possessivpronomen

1. Formen und Anwendung der Possessiva 2D; 8C; 8E
2. Nachstellung in der Form a casa mia 10F

IX. Das Demonstrativpronomen

quello 13D

X. Das Relativpronomen

che 20G

XI. Das Interrogativpronomen

quanto 5D

XII. Das Indefinitpronomen

1. molto, tanto 5D
2. niente/nulla, nessuno 10C
3. niente/nulla in Verbindung mit einem Adjektiv 17E

XIII. Die Präposition

1. die Präpositionen mit dem Artikel 6D; 6E; 10G; 15F
2. Anwendung von a 3H; 3I; 6D; 10E
3. Anwendung von di 6E
4. Anwendung von da 10G; 17C; 19C
5. Anwendung von in 3H–I; 15F
6. Anwendung von fa und fra 9G
7. Anwendung von durante 16C

XIV. Die Konjunktion

1. perché 2G
2. mentre 16C
3. quando, se 16E

XV. Zeit- und Mengenangaben

1. die Zahlen 7F–G
2. die Uhrzeit 7F; 9F
3. die Monate 15F1

XVI. Phraseologie

1. Anrede und Abschied 1B; 1E; 1I
2. Bitte 2I

Italien ist viel mehr als Sie durch Lehrbücher und Reiseführer erfahren können. Vielleicht haben Sie den Wunsch, mehr Informationen über Land und Leute zu bekommen und vielleicht haben Sie auch bereits festgestellt, daß es gar nicht einfach ist, italienische Texte zu beschaffen, die Sie mit Anfangskenntnissen der italienischen Sprache lesen können. Wir möchten Ihnen deshalb eine Textsammlung vorstellen, mit deren Lektüre Sie schon ab Lektion 8 des Lehrbuchs *Italienisch für Sie, Band 1* beginnen können:

L'altra Italia

von Giuliana Attolini
152 Seiten, kart., Hueber-Nr. 15.5067

Der Wunsch, die italienische Wirklichkeit von der italienischen Seite aus zu zeigen, hat die Auswahl der Themen und der Texte bestimmt. Die Sammlung bietet einen ersten Einblick in die Probleme des heutigen Italien. Die Texte sind durchweg Originalquellen entnommen und mit Rücksicht auf Wortschatz und grammatische Kenntnisse ausgewählt worden, die Sie im Laufe der Arbeit mit *Italienisch für Sie 1* erwerben. Das Büchlein enthält genaue Hinweise, ab welcher Lektion welche Texte gelesen werden können. Fragen zu den Texten und kleine Aufgaben erleichtern das Verständnis der Textinhalte und geben gleichzeitig Anregung zur weiteren Auseinandersetzung mit den angeschnittenen Problemen. In einem italienisch-deutschen Wortschatzregister am Ende des Buches finden Sie Worterklärungen für Vokabeln, die in *Italienisch für Sie 1* nicht vorgekommen sind.

Die Lektüre dieses reich illustrierten Büchleins wird Ihnen Spaß machen, gleich ob Sie im Unterricht oder zu Hause damit arbeiten.

Max Hueber Verlag · Ismaning bei München

12.12.